Helmut Papenberg

Entdecker und Eroberer

Materialien zur selbstständigen Themenerarbeitung in der Sekundarstufe I

Mit Kopiervorlagen

Auer

Schüler werden Experten: Lesen – Forschen – Präsentieren

Gedruckt auf umweltbewusst gefertigtem, chlorfrei gebleichtem
und alterungsbeständigem Papier.

4. Auflage 2015
Nach den seit 2006 amtlich gültigen Regelungen der Rechtschreibung

Redaktion: Daniela Brunner, Düsseldorf
Umschlaggestaltung: Glas AG, Seeheim-Jugenheim
Illustrationen: Barbara Gerth-Mohr
Satz: krauß-verlagsservice, Augsburg
Druck und Bindung: Kessler Druck + Medien, Bobingen
ISBN 978-3-403-**04766**-7

www.auer-verlag.de

Inhalt

Einführung

- Aufbau und Einsatzmöglichkeiten der Lerneinheit 4
- Lernmethoden 7
- Struktur für selbstständiges und projektorientiertes Lernen 8
- Inhalt der Lerneinheit 9

1. Hinführung zum Thema

1.1 Erläuterung zu den Hinführungsstunden 10
1.2 Das Weltbild um 1450 11
1.3 Wie kam es zu den Entdeckungsfahrten? 15
1.4 Die Themen 19

2. Themenaspekte

2.1 Leif Eriksson 22
2.2 Marco Polo 28
2.3 Ibn Battuta 34
2.4 Christoph Kolumbus 40
2.5 Bartolomeu Diaz und Vasco da Gama . . 46
2.6 Fernando Magellan 52
2.7 Hernando Cortés 58
2.8 Francisco Pizarro 64
2.9 Francis Drake 70
2.10 James Cook 76
2.11 Alexander von Humboldt 82
2.12 Heinrich Barth 88
2.13 David Livingstone und Henry M. Stanley 94
2.14 Leben an Bord 100
2.15 Navigation 106

3. Zusatzmaterial

3.1 So wirst du Experte für dein Thema . . . 112
3.2 Themenverteilung 113
3.3 Merktext 114
3.4 Deine Präsentation: Vorbereitung und Durchführung 115
3.5 Wie gut war deine Präsentation? 117
3.6 Eine Biografie schreiben 118
3.7 Ein Plakat gestalten 119
3.8 Die Weltkarte 120
3.9 Pflanzen aus fernen Ländern 121
3.10 Arbeitsblatt: Pflanzen aus fernen Ländern 122

Literaturempfehlungen 124

Quellennachweis 126

Einführung

Aufbau und Einsatzmöglichkeiten der Lerneinheit

Der Band „Entdecker und Eroberer" aus der Reihe „Schüler werden Experten: Lesen – Forschen – Präsentieren" versteht sich als Weg zu selbstständigem und eigenverantwortlichem Lernen. Themen- und methodenorientierte Projektarbeit soll mithilfe dieser Materialien genauso ermöglicht werden wie fächerübergreifendes und handelndes Lernen mit Anregungen für die Umsetzung des Gelernten in ein Projektprodukt.

Die Materialien sind so gestaltet, dass sich die Schüler damit im Allgemeinen ohne Hilfe des Lehrers Wissen selbstständig aneignen können. Die Lerneinheit nimmt der Lehrkraft die inhaltliche Vorbereitung weitgehend ab und versetzt sie in die Rolle des Organisators und Beraters im Lernprozess und Projektablauf. Die Kooperation verschiedener Fachlehrer und fächerübergreifendes Lernen sind zwar nicht zwingend erforderlich, aber mit dem Material deutlich intendiert. Gleichwohl eignet sich das Material aber auch zum Einsatz im konventionellen Frontalunterricht.

1. Hinführung

Zunächst sind einige Unterrichtsstunden konzipiert, die vom Lehrer gehalten zum Projektthema hinführen. Das Thema wird damit in den Frage- und Interessenshorizont der Schüler gehoben.

Inhaltlich befasst sich die Hinführung mit dem Weltbild um 1450 und wie es zu Entdeckungsfahrten kam.

Am Ende der Hinführung steht eine Unterrichtsstunde, die die vielfältigen Facetten des Themas aufzeigt. Damit können sich die Schüler anschließend selbstständig auseinandersetzen.

In dieser Hinführungsphase werden schon einige Lernmethoden trainiert, die die Schüler bei der späteren Erarbeitung ihres eigenen Themenaspekts benötigen.

2. Spezialgebiete zu Entdeckern und Eroberern

Das folgende Schülermaterial, mit dem selbstständig gelernt und anschließend weitergeforscht werden soll, besteht aus:

a) Basistext

b) Bildseite

c) Arbeitsblatt

d) Lösung zum Arbeitsblatt

e) Ergänzung mit Literaturangaben und weitere Aufgabenstellungen

zu a) Basistext

Die Basistexte zu den Themenaspekten sind so abgefasst, dass die Schüler sie selbstständig lesen, verstehen und erarbeiten können. Sie sollen sich zunächst mithilfe des Basistextes grundlegendes Wissen zu dem jeweiligen Themenaspekt aneignen.

Der Basistext soll den Themenaspekt für die Schüler erschließen, d. h. er bringt detaillierte Informationen und versucht, den Inhalt weitgehend zu klären. Die Informationen des Basistextes zusammen mit den bildlichen Darstellungen der Bildseite reichen aus, um das Thema zu erarbeiten und den anderen vorzustellen. So soll dieser Text die Schüler neugierig und aufgeschlossen machen für das Thema, also ein Schlüssel zu ihrer Motivation sein.

Er stellt gleichzeitig ein Fundament dar, von dem aus sich neue Fragen und damit Vertiefungen des Themas ergeben. Je nach Interesse und Leistungsvermögen der Schüler können sie über den Basistext hinaus weiterarbeiten und ihren Aspekt individuell vertiefen. So bieten diese Materialien gute Chancen für eine innere Differenzierung. Leistungsschwächere Schüler erarbeiten den Basistext, leistungsstärkere forschen darüber hinaus und erweitern individuell nach Interesse, Vermögen und verfügbarer Literatur ihr Wissen.

Die Basistexte dienen auch dazu, der Lehrkraft grundlegende Informationen über die Themenaspekte zu geben. Kennt sie alle Basistexte, kann sie die Schüler bei der Wahl ihres Themenaspektes beraten. Stellen die Schüler am Ende der Erarbeitungsphase ihr Thema vor, kann die Lehrkraft sich mithilfe des Basistextes einen grundlegenden Überblick über den Themenaspekt verschaffen und somit das Vorgetragene der Schüler auf Umfang, Inhalt und Richtigkeit leicht kontrollieren, soweit es sich auf diesen Basistext bezieht.

Aufbau der Basistexte

Die Texte sind in mehrere Abschnitte gegliedert. Diese sind durch griffige Zwischenüberschriften deutlich markiert. Die Überschriften können gegebenenfalls entfernt und von den Schülern ergänzt werden, nachdem sie sich über den Inhalt jedes Abschnittes klar geworden sind.

Die Überschriften geben eine klare Struktur vor, die den Schülern hilft, weitere Informationen einzuordnen. Außerdem kann auch die spätere Präsentation danach aufgebaut werden.

Arbeiten mehrere Schüler an einem Basistext, hilft ihnen die Strukturierung, den Themenaspekt noch einmal untereinander klar aufzuteilen. Jeder Schüler liest nun den ganzen Basistext des Themenaspekts, beschäftigt sich aber anschließend speziell mit einem Teilbereich und ist für diesen besonders verantwortlich. Schüler A übernimmt beispielsweise die Gliederungspunkte a)–c), Schüler B die Punkte d)–f).

Am Ende jedes Basistextes befindet sich ein Kasten mit speziellen Begriffen zu dem Themenaspekt. Die Schüler werden hier aufgefordert, zu diesen Begriffen weiterzuforschen, um das Wissen zu ihrem Thema zu vertiefen. Sie können sie im Lexikon nachschlagen, im Internet danach suchen, in weiterführender Literatur nachlesen, die Lehrkraft oder einen außerschulischen Experten befragen. Es sind meist Begriffe, die im Basistext vorkommen.

zu b) Bildseite

Zu jedem Basistext gibt es eine Bildseite. Die Bilder dienen einerseits der Illustrierung und dem besseren Verständnis des Basistextes, andererseits helfen sie den Schülern bei der anschließenden Präsentation ihres Themas. Darüber hinaus können sie genutzt werden, wenn es darum geht, einen Bildinhalt in anderer Form zu präsentieren (z. B. als Plakat, Grafik usw.). Die Bilder sind mit römischen Ziffern nummeriert und diese Nummern erscheinen wieder im Basistext. So ist für die den Themenaspekt bearbeitenden Schüler klar, was auf dem jeweiligen Bild zu sehen ist und auf welche Textstelle es sich bezieht. In manchen Lerngruppen bietet es sich evtl. an, die Bildunterschriften zu entfernen, da die Schüler sich sonst nicht auf die Abbildungen konzentrieren können.

zu c) und d) Arbeitsblätter mit Lösung

Zu jedem Themenaspekt gehört ein Arbeitsblatt mit Lösung. Dieses kann von der jeweiligen Arbeitsgruppe bearbeitet werden, um den Stoff des Basistextes zu vertiefen. Das Gelernte wird hier noch einmal in anderer Form umgesetzt. Manche Arbeitsblätter beinhalten zusätzliche bildliche Informationen und vertiefen das Verständnis für den Basistext. Auch kann das Arbeitsblatt auf Folie kopiert später bei der Präsentation eingesetzt werden. Es ist auch denkbar, dass alle Schüler nach einer Präsentation das kopierte Arbeitsblatt bearbeiten.

Werden bestimmte Themen von den Schülern nicht gewählt oder will die Lehrkraft die Aspekte des Themas nicht im selbstständigen Lernen erarbeiten lassen, so ist auch denkbar, dass die Einzelthemen jeweils im Frontalunterricht behandelt werden.

Auch eine Mischung aus beidem, nur einige Themen werden von den Schülern selbstständig, die anderen im gemeinsamen Frontalunterricht behandelt, ist denkbar.

zu e) Ergänzung

Zu jedem Themenaspekt gibt es noch ein Blatt mit weiterführenden Literaturangaben und Aufgaben. Die Literaturangaben („Hier kannst du weiterlesen") helfen den Schülern, zu ihrem Themenaspekt weiterzuforschen, setzen aber voraus, dass die Literatur auch verfügbar ist.

Hilfreich ist es, wenn die Stadt- oder Schulbibliothek die Literatur zu einer Medienbox zusammenstellt und für eine Lerneinheit an die Klasse ausleiht. Viele Büchereien tun dies inzwischen schon (siehe z. B. „Medienpartner Bibliothek + Schule NRW" der Bertelsmann Stiftung und des Landes NRW, www.medienpartner-nrw.de).

Solche Medienboxen beinhalten nicht nur schülergeeignete Sachbücher zum Thema, sondern auch erzählende Bücher und u. U. Videofilme, CD-Roms und anderes Material. Begrüßenswert wäre, wenn auch Erfahrungsberichte von Lehrern mit dem Einsatz solcher Medienboxen hier dokumentiert würden.

Die Aufgaben („Das kannst du noch tun") regen an, den Themenaspekt über den Basistext hinaus zu bearbeiten. Dabei geht es zunächst darum, das Wichtigste für die Mitschüler in einem Merktext zusammenzufassen. Außerdem sollen die Schüler für ihren Vortrag einen Stichwortzettel anlegen. Die dritte Aufgabe besteht darin, mithilfe eines Arbeitsblattes zu dem jeweiligen Entdecker einen Lebenslauf zu gestalten.

Einige Ergebnisse dieser Aufgaben können nachher bei der Präsentation mitbenutzt werden (z. B. das Plakat, der Lebenslauf, ein Modell). So kann die Präsentation für die zuhörenden Mitschüler noch interessanter gestaltet werden.

Soll am Ende der Lerneinheit eine Ausstellung stattfinden, so bietet es sich an, dass die Schüler zu ihrem Themenaspekt ein Plakat gestalten. Dazu können gut die Materialien der Themenaspekte und der Lebenslauf verwendet werden.

Viele Naturprodukte, die wir heute wie selbstverständlich verwenden, gab es vor den großen Entdeckungen in Europa noch nicht. Sie wurden aus fernen Ländern mitgebracht und hier kultiviert. Wenn sich jede Arbeitsgruppe mit einer dieser Pflanzen und Früchte beschäftigt, kann die Ausstellung sinnvoll ergänzt werden. Wie die Erarbeitung hierzu aussehen könnte, beschreibt das Arbeitsblatt „Pflanzen aus fernen Ländern". Besonders lebendig wird die Ausstellung, wenn man sich die Pflanzen, ihre Früchte oder Produkte besorgt und ausstellt.

3. Zusatzmaterial

Hier findet sich alles, was die Schüler zur eigenverantwortlichen Erarbeitung ihres Themas benötigen:

a) Das Informationsblatt „So wirst du Experte für dein Thema" fasst die Aufgabenstellungen zusammen und kann z. B. als DIN-A3-Plakat in der Klasse aufgehängt werden.

b) Auf den Bogen für den Merktext schreibt jeder Schüler zu seinem Themenaspekt einen kurzen Text. Die Schüler können ihn gegebenenfalls zunächst vorschreiben und nach der Korrektur sauber und fehlerfrei abschreiben.

   Sinnvoll kann es auch sein, wenn die Schüler den Computer benutzen, da er bessere Gestaltungs- und Korrekturmöglichkeiten bietet.

c) Hinweise für einen erfolgreichen Vortrag helfen den Schülern bei der Vorbereitung und Durchführung ihrer Präsentation.

d) Ein Kompetenzraster soll die Bewertung eines Vortrags transparent machen.

   Das Raster eignet sich auch für den Einsatz in anderen Fächern.

e) Ideen für Projektprodukte und Textvorbereitung schließen sich an.

f) Angaben zu Sachbüchern und erzählender Literatur zum Thema „Entdecker und Eroberer" runden den Band ab.

4. Organisation des Lernmaterials

Am besten legt man zu jedem Themenaspekt einen Schnellhefter an. Darin wird der jeweilige Basistext – in mehrfacher Ausfertigung, wenn mehrere Schüler am gleichen Aspekt arbeiten – abgeheftet. Auch die Bildseite – für die spätere Präsentation auf eine Folie kopiert – kommt hier hinein. Es folgen das Arbeitsblatt, das Blatt „Ergänzungen" und das Leerblatt zum schreiben des Merktextes. Sollen die Schüler auch ein Plakat und einen Lebenslauf zu ihrem Entdecker erstellen, so werden die entsprechenden Arbeitsblätter ergänzt. Dies gilt auch für die exotische Pflanze.

Stellt man den Schülern zusätzlich einige Bücher der Literaturliste zur Verfügung, so werden einzelne davon vermutlich von mehreren Schülern gleichzeitig angefordert. Einen Engpass kann man vermeiden, indem man schon vorher die entsprechenden Kapitel, oft nur zwei Seiten, aus vielleicht ein oder zwei Büchern kopiert und ebenfalls in den Schnellhefter einordnet. Damit ist zunächst gesichert, dass die Schüler mit ausreichend Informationsmaterial versorgt sind.

Die Mappe sollte später einen festen Platz bekommen, wo die Schüler sie aufheben können. Solche Schülerprodukte sind zu wertvoll, als dass sie am Ende der Einheit dem Papierkorb übergeben werden. Am besten legen sich die Schüler zu Hause einen Stehsammler für jedes Schuljahr an, in dem die Mappen zu den einzelnen Themen gesammelt werden.

Lernmethoden

Mit den Texten der Hinführungsphase und der eigenverantwortlichen Themenerarbeitung sind wichtige Lernmethoden verbunden.

Schlüsselbegriffe markieren

Alle Texte der Lerneinheit – sowohl die der Hinführungsstunden als auch die Basistexte der Themenaspekte – sind deutlich in Abschnitte gegliedert. Es kann die erste Aufgabe der Schüler sein, die Schlüsselbegriffe jedes Abschnittes zu markieren und sich so Klarheit über die wichtigsten Aussagen der Texte zu verschaffen.

Stichwortzettel anlegen

Aus den Überschriften und den Schlüsselbegriffen ergibt sich ein erster Stichwortzettel für die spätere Präsentation. Dieser Stichwortzettel kann später nach weitergehender Recherche noch ergänzt werden.

Zusammenfassung schreiben

Mithilfe dieses Stichwortzettels können die Schüler anschließend eine Zusammenfassung als Merktext schreiben. Dieser enthält eine überschaubare Informationsmenge und wird als Wissensfundus für alle Mitschüler kopiert. Mit dem Leerblatt für den Merktext (siehe Seite 114) wird den Schülern der Umfang für die Zusammenfassung klar vorgegeben.

Nachschlagen im Lexikon

Den Schülern sollten einige Lexika im Klassenraum zur Verfügung stehen. Hier könnte selbstständig nachgeschlagen werden, falls ein Begriff unklar geblieben ist. Auch könnten bestimmte Inhalte hiermit vertieft werden, indem die Schüler die Begriffe nachschlagen, die sie am Ende des Basistextes in dem Kasten finden. In diesem Rahmen kann es wichtig sein, das Nachschlagen im Lexikon mit den Schülern vorher zu üben.

Umgang mit weiterführender Literatur

Um den Themeninhalt noch weiter zu vertiefen, können vor allem leistungsstärkere und motivierte Schüler die Bücherei der Schule oder der Stadt besuchen und hier weiterforschen. Manche Büchereien sind auch bereit, für die Arbeit in der Klasse eine entsprechende Medienbox zusammenzustellen.

In die Liste empfehlenswerter Bücher sind auch erzählende Bücher aufgenommen, durch die das Thema noch in besonderer Weise vertieft werden kann.

Auch das Internet kann eine nützliche Quelle für weitere Recherchen sein.

Thema präsentieren

Den strukturierten Stichwortzettel benutzen die Schüler anschließend zusammen mit der dazugehörigen Bildseite (auf Folie), um den Themenaspekt vor den Mitschülern zu präsentieren. Auch das zu dem jeweiligen Basistext gehörende Arbeitsblatt kann auf Folie kopiert bei der Präsentation mit herangezogen werden.

Struktur für selbstständiges und projektorientiertes Lernen

1. Hinführung zum Thema durch den Lehrer

2. Darstellung des Themas mit seinen Aspekten

3. Erarbeitung der Aspekte durch die Schüler

4. Präsentation der Aspekte im Rahmen der Lerngruppe

5. Projektprodukte Erarbeitung und Präsentation nach außen

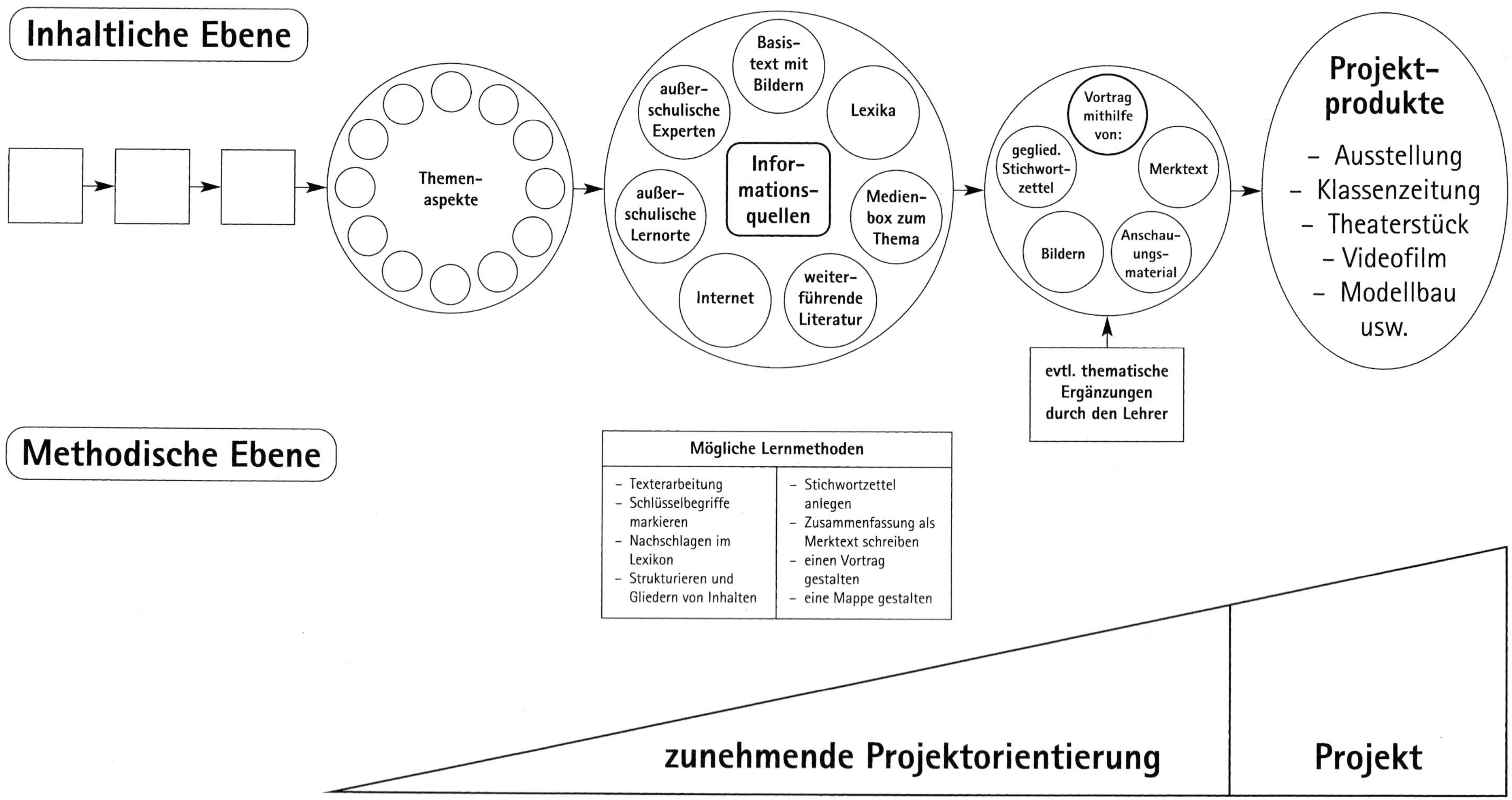

Inhalt der Lerneinheit

„Entdecker und Eroberer" ist ein spannendes Thema über Abenteuerreisen in ferne Länder, gefährliche Expeditionen in unbekannte Gegenden und ungewisse Schiffspassagen über Ozeane, die vorher noch nie jemand befahren hatte.

In dieser Lerneinheit geht es schwerpunktmäßig um die Epoche der Entdeckungen und Eroberungen im ausgehenden Mittelalter. Der Handel hatte sich immer mehr ausgeweitet, vorhandene Märkte wurden gesichert und neue Märkte erschlossen. Das Bestreben wuchs, neue Handelswege, besonders über die Meere, zu erforschen.

Einerseits waren die Menschen noch gefangen in ihrem alten Weltbild, das Europa im Mittelpunkt einer Erdscheibe sah, die irgendwo am Horizont endete. Andererseits gab es mehr und mehr Zweifel an dieser Auffassung und wissenschaftliche Erkenntnisse, dass die Erde eine Kugelgestalt hat. Schon die alten Griechen vertraten vor Christi Geburt diese Auffassung.

Auch die Eroberung und Inbesitznahme neuen Landes (Kolonien) wurde zur wichtigen Triebkraft der Entdeckungsfahrten. Auf der Suche nach neuen Handelswegen wuchs sehr schnell die Gier nach Reichtum, als man ahnte, dass in den eroberten Gebieten Gold, Silber und Edelsteine zu finden waren.

So zeigt die Lerneinheit in den Berichten über 15 Entdecker und Eroberer nicht nur deren großartige und wagemutigen Leistungen, sondern auch die Brutalität, mit der fremde Völker unterjocht, ausgebeutet und vernichtet wurden.

Sehr bald wurden die eroberten Gebiete zu Kolonien europäischer Mutterländer. So zeigt diese Lerneinheit auch, wie die Entdeckungen und Eroberungen die Voraussetzung für den späteren Kolonialismus schafften.

Bei dem Thema „Entdecker und Eroberer" stehen die Personen im Vordergrund, die den Kontakt zur außereuropäischen Welt geknüpft und andere Kontinente erforscht haben. Ihre wesentlichen Taten und Leistungen werden in den Basistexten dargestellt. Darüber hinaus gibt es aber für die Schüler noch viele Einzelheiten der Entdeckungen zu erforschen. Genauere Lebensdaten kommen in den Basistexten bewusst nicht vor. Die Schüler sollen vielmehr selbstständig den jeweiligen Lebenslauf erarbeiten.

Das Thema hat naturgemäß sehr viel mit Geografie zu tun. Daher werden die Schüler häufig aufgefordert, sich mit geografischen Gegebenheiten (Länder, Meere, Inseln, Fahrtrouten, Landschaften) auseinanderzusetzen. Häufig benötigen sie für ihre Arbeit einen Atlas.

Viele Pflanzen und Früchte, die Eingang gefunden haben in den europäischen Speiseplan, stammen ursprünglich aus fernen Ländern und sind erst mit den Entdeckungen zu uns gekommen. Eine Aufgabe zu jedem Themenaspekt besteht darin, dass die Schüler sich mit einer solchen Pflanze und ihrer Geschichte auseinandersetzen. Dies stellt einen weiteren Bereich dar, in dem die Schüler selbstständig forschen und ihr Thema weiter erhellen können, auch wenn nicht jedem Entdecker eine passende Pflanze zugeordnet werden konnte.

1. Hinführung zum Thema

1.1 Erläuterung zu den Hinführungsstunden

Die Hinführung zum Thema „Entdecker und Eroberer" besteht aus drei Unterrichtsstunden. Zunächst einmal soll den Schülern klar werden, dass die Menschen des ausgehenden Mittelalters eine völlig andere Anschauung von der Welt hatten als wir heute. Auch waren den Europäern noch viele Teile der Erde unbekannt. Erst dadurch können die Schüler begreifen, welche außergewöhnliche Leistung es war, zu unbekannten Kontinenten und in unerforschte Gebiete vorzustoßen.

1. Unterrichtsstunde

In der ersten Stunde vergleichen die Schüler zwei Weltkarten (eine von 1450 und eine von heute) miteinander. Dabei erkennen sie,

- dass auf der alten Karte viele Gebiete fehlen (Amerika, Australien, die Pole),
- dass viele Länder nur sehr groß und ungenau dargestellt sind,
- dass die Küsten Europas noch am genauesten gezeichnet sind und der Kartograf so wahrscheinlich von dort kam.

Vielleicht wissen auch schon einige Schüler, dass die Menschen damals glaubten, die Erde sei eine Scheibe, wie dies die zeitgenössische Abbildung verdeutlicht. Dass im späten Mittelalter gezeigt werden konnte, dass die Erde eine Kugel ist, zeigt die Abbildung mit der Hypothese des Kopernikus. Das Arbeitsblatt wiederholt und vertieft das Gelernte.

2. Unterrichtsstunde

Besonders drei Tatsachen führten dazu, dass es am Ende des 15. Jahrhunderts zu zahlreichen Entdeckungsfahrten kam:

1. Der Handel mit Fernost wurde massiv gestört und war beschwerlich.
2. Die wissenschaftliche Erkenntnis, dass die Erde eine Kugel ist, fand immer mehr Anhänger.
3. Der technische Fortschritt erleichterte auch die Seefahrt und die Navigation auf dem offenen Meer.

Die Schüler können erkennen, dass der kombinierte Land- und Seeweg nach Fernost sehr beschwerlich war, und anhand der Karte herausarbeiten, welche weiteren Möglichkeiten es gab, in diese Länder zu reisen.

Der Text verifiziert die Vermutungen und gibt Informationen über die Motive der Entdecker Ende des 15. Jahrhunderts.

3. Unterrichtsstunde

Anschließend werden die Entdecker und Eroberer bzw. Themengebiete, die in der Lerneinheit behandelt werden, vorgestellt. Die Schüler können sich so einen ersten Überblick verschaffen, um sich schließlich zu entscheiden, mit welchem Thema sie sich eigenverantwortlich beschäftigen möchten.

Name: Datum:

Textseite

1.2 Das Weltbild um 1450

a) Die Erde eine Scheibe?

Im Mittelalter glaubten die meisten Menschen, dass die Erde eine flache Scheibe ist. Sie nahmen an, dass sich in der Mitte dieser Scheibe die Landmasse befindet, die am Rand überall von Wasser umgeben ist. Wenn man weit genug auf dieses Meer hinausfahren würde, würde man irgendwann von der Scheibe hinunterstürzen.

Sie sahen die Erde als Mittelpunkt der Schöpfung Gottes. Auf der Erde würden die Menschen folgendermaßen verteilt leben: in Europa die Christen, in Afrika und Asien die Heiden (I).

b) Himmel und Hölle

Vor allem die Kirche verbreitete, dass sich über diese Scheibe das Himmelsgewölbe spannt, an dem Sonne, Mond und Sterne, bewegt durch ein riesiges Räderwerk, ihre Bahnen ziehen (II).

Über diesem Himmelsgewölbe würde sich der Sitz Gottes befinden. Das Ziel der Menschen sei es, durch gute Werke und gottgefälliges Verhalten dorthin zu kommen.

Unter der Erde befände sich die Hölle, das Reich des Bösen, des Teufels. Tatsächlich hatten die Menschen ja gelegentlich erlebt, wie aus Bergen heiße Asche und glühende Steine hervorbrachen. Man nannte solche Berge „Vulkane", nach dem römischen Gott des Feuers Vulcanus. Wer sich nicht entsprechend der göttlichen Gebote verhielt, kam nach dem Leben dorthin, in das ewig quälende Fegefeuer.

c) Die Erde ist eine Kugel

Die christliche Kirche hielt an ihrer Vorstellung von Himmel, Erde und Hölle fest, obwohl es schon lange Menschen gab, die von der Kugelgestalt der Erde überzeugt waren. Schon der griechische Gelehrte Eratosthenes (ca. 276–196 v. Chr.) errechnete den Umfang des Äquators mit 39.375 km (tatsächlich 40.075 km) recht genau.

d) Vom geozentrischen zum heliozentrischen Weltbild

Die Überzeugung, dass die Erde (Geo) der Mittelpunkt (Zentrum) des Universums ist, nennt man geozentrisches Weltbild. Die Erde, so glaubten die Menschen, stehe ruhig und die Planeten würden um sie herum kreisen.

Der Astronom und Mathematiker Nikolaus Kopernikus aus Thorn im heutigen Polen fand durch jahrelange Beobachtungen aber heraus, dass es nicht die Sonne ist, die um die Erde kreist, sondern umgekehrt, die Erde eine Bahn um die Sonne zieht und sich dabei noch um sich selbst dreht. Er erkannte, dass in unserem Planetensystem die Sonne (Helios) im Mittelpunkt steht (heliozentrisches Weltbild) (III). Dies war etwa 1507.

Diese Erkenntnisse und die Auffassung, dass die Erde eine Kugel ist, stellten die gesamte Weltanschauung des Mittelalters in Frage.

Wenn diese Erkenntnisse aber richtig waren, so konnte man auf das Meer hinausfahren, ohne irgendwann ins Nichts zu stürzen. Auch konnte man um diese Kugel herumsegeln (IV). Wenn man also immer weiter nach Westen fuhr, musste man irgendwann im Osten ankommen und schließlich wieder zu seinem Heimathafen zurückkehren.

Name: Datum:

Bildseite

1.2 Das Weltbild um 1450

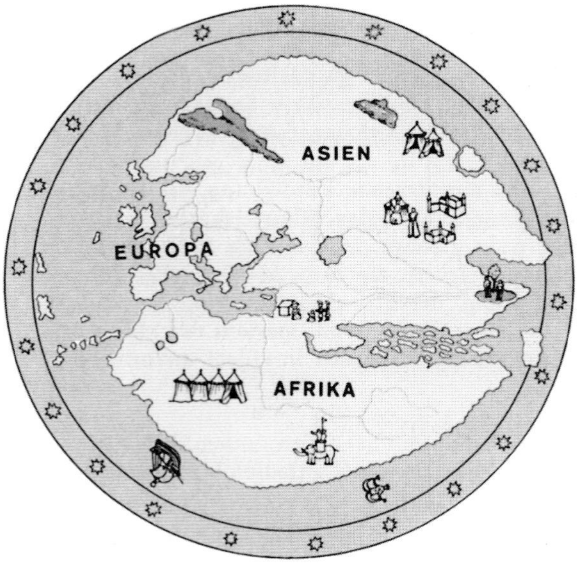

I. Darstellung der Erde um 1450 (Andreas Bianco)

II. Mittelalterliche Abbildung der Erde

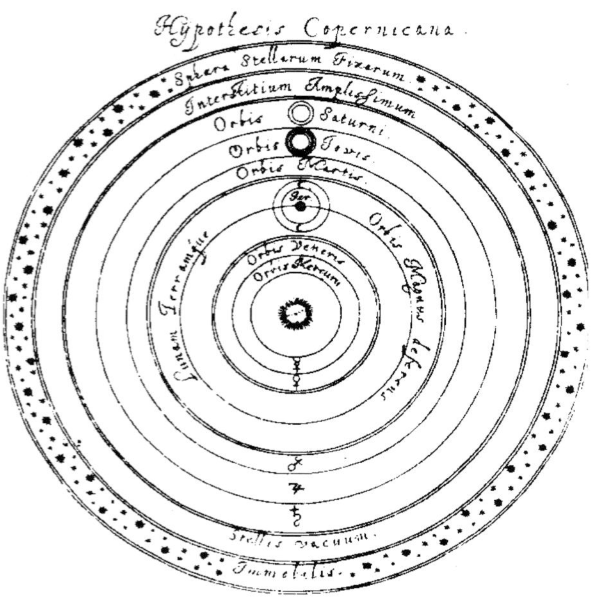

III. Zeichnung zum heliozentrischen Weltbild

IV. Darstellung der Erde heute

Name: Datum:

Arbeitsblatt

1.2 Das Weltbild um 1450

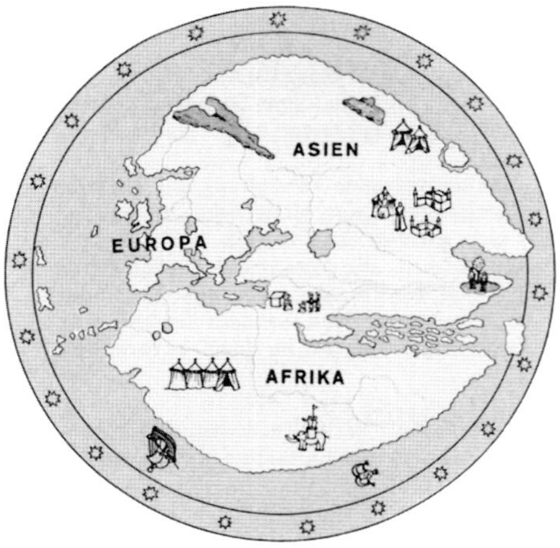

I. Darstellung der Erde um 1450

II. Darstellung der Erde heute

Aufgabe 1:

Vergleiche die beiden Weltkarten miteinander und beschreibe das Weltbild um 1450.
Wie wird die Welt dargestellt?

Name: Datum:

Lösung

1.2 Das Weltbild um 1450

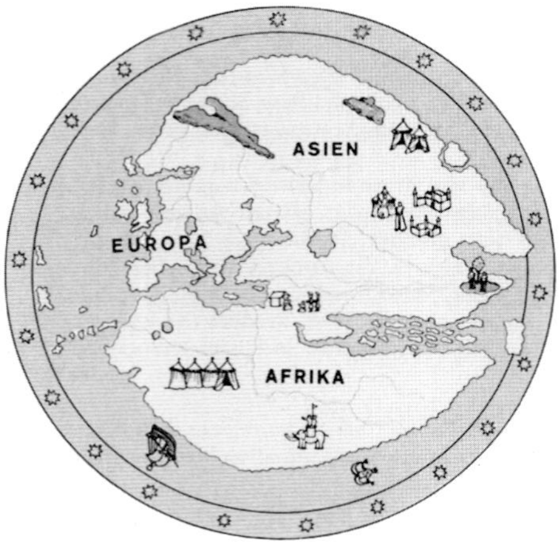

I. Darstellung der Erde um 1450

II. Darstellung der Erde heute

Aufgabe 1:

Vergleiche die beiden Weltkarten miteinander und beschreibe das Weltbild um 1450.
Wie wird die Welt dargestellt?

Auf der Karte von 1450 wird die Erde als runde Scheibe dargestellt.
Es gibt drei Kontinente (Europa, Asien und Afrika), die ringsum von Wasser umgeben sind.
Die Küstenlinien von Europa sind recht genau gezeichnet, während Asien und Afrika nur an den europanahen Küsten (Mittelmeer, Schwarzes Meer) relativ exakt wiedergegeben werden. Afrika wird nur in seiner Ost-West-Ausdehung dargestellt und nach Süden sehr verkürzt.

Name: Datum:

Textseite

1.3 Wie kam es zu den Entdeckungsfahrten?

a) Handel mit Fernost

Was die Menschen im Mittelalter zum Leben brauchten, bezogen sie vor allem aus ihrer unmittelbaren Nähe. Nur wenige Güter wurden über weite Strecken transportiert. Die Handelswege waren schlecht ausgebaut und der Transport mit Pferd und Wagen bzw. Schiff mühsam und teuer (I und II).

Einige Luxusgüter konnte man nur im Fernen Osten (China, Indien usw.) kaufen. Dazu gehörten Seide, Teppiche, Gewürze wie Pfeffer, Muskatnuss oder Gewürznelke, Parfum, Farben, Elfenbein, Perlen, Silber, Gold und Edelsteine. Solche Luxuswaren waren vor allem wegen des monatelangen Transports sehr kostspielig und nur die reichen Adelshäuser konnten sie sich leisten. Aber für die Fernkaufleute war der Handel mit diesen Gütern ein sehr einträgliches Geschäft.

Die Handelswege nach Fernost führten per Schiff übers Mittelmeer, dann über Land durch Persien nach China oder über das Arabische Meer nach Indien (III).

b) Der Handel wird gestört

Der Handel mit dem Fernen Osten war nicht nur wegen der Entfernung sehr schwierig. Außerhalb Europas beherrschten die Araber den Zwischenhandel und verlangten hohe Zölle. Hinzu kam, dass die Türken 1453 die Stadt Konstantinopel (heute Istanbul) eroberten und dort das Osmanische Reich aufbauten. Sie sperrten den Landweg nach Osten (III).

c) Zwei neue Wege nach Fernost

Für den europäischen Handel wurde die Frage immer drängender, ob man nicht auch auf anderen Wegen als dem direkten Landweg ostwärts nach Indien, wie man damals den gesamten Osten nannte, gelangen konnte.

Als die Erkenntnis, dass die Erde eine Kugel ist, immer mehr Anhänger fand, gab es wagemutige Seefahrer, die sich aufs offene Meer hinaus wagten. Zwei Wege nach Fernost boten sich an (III):

1. Nach Süden um Afrika herum

oder

2. nach Westen einmal um den Erdball herum.

Noch niemand hatte sich bisher auf solch eine Fahrt begeben. Von Afrika waren nur die Küsten im Norden bekannt.

d) Seefahrer erkunden neue Handelswege

1485 erkundete der Portugiese Diego Cão die Westküste Afrikas bis hinunter nach Namibia. Zwei Jahre später erreichte Bartholomeu Diaz die Südspitze Afrikas, segelte aber nicht weiter nach Indien (III).

1492 unternahm Christoph Kolumbus den Versuch, Indien auf dem Seeweg nach Westen zu erreichen. Aber erst 1498 kam der Seefahrer Vasco da Gama auf seinem Weg um Afrika herum bis nach Indien.

e) Ein neues Zeitalter

Diese Entdeckungsfahrten am Ende des 15. Jahrhunderts setzten eine Welle von weiteren Entdeckungen in Gang. Dies hatte zur Folge, dass sich die Vorstellungen der Europäer von der Welt änderten und heute kein Gebiet der Erde mehr unbekannt und unerforscht ist.

Die Entdeckungen läuteten schließlich zusammen mit anderen Umwälzungen in Europa ein neues Zeitalter ein: die Neuzeit.

Name: Datum:

Bildseite

1.3 Wie kam es zu den Entdeckungsfahrten?

I. Zweirädriger Transportkarren

II. Kogge (breit gebautes Segelschiff für den Warentransport)

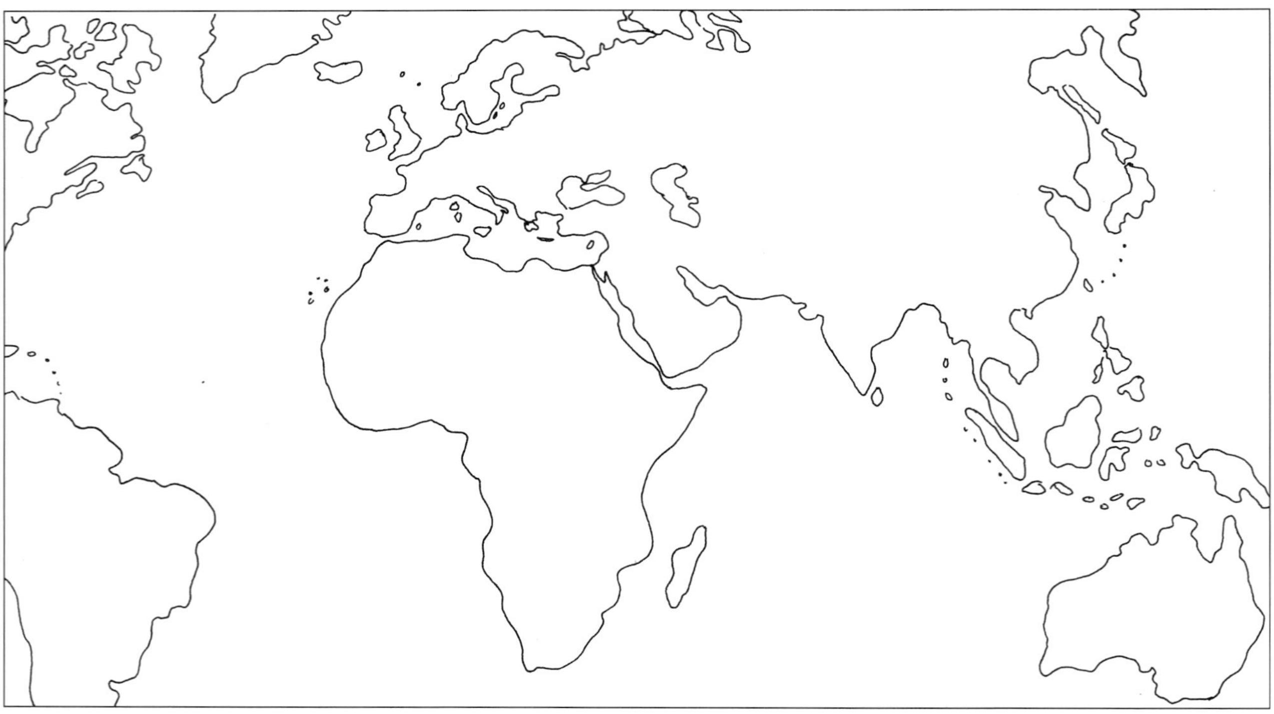

III. Weltkarte der heutigen Zeit

Name: Datum:

Arbeitsblatt

1.3 Wie kam es zu den Entdeckungsfahrten?

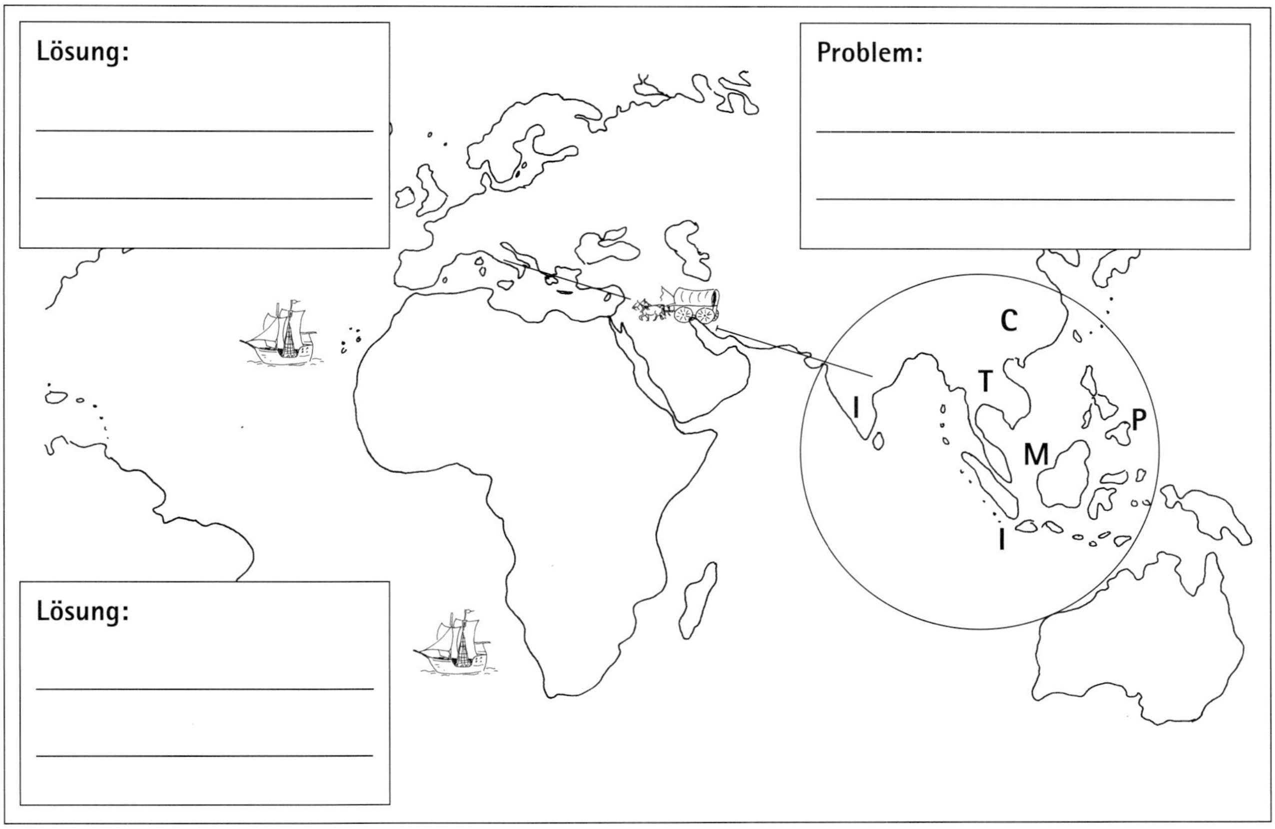

Aufgabe 1:

Welches Problem belastete im ausgehenden Mittelalter den Handel mit Fernost? Welche Lösungen suchte man für dieses Problem? Schreibe die Antworten oben in die Kästen und zeichne in der Karte die neuen Routen ein.

Aufgabe 2:

Mit welchem Namen bezeichnete man den Fernen Osten? ______________________________

Aufgabe 3:

Schaue in einem Atlas nach, wie die einzelnen Länder des Fernen Ostens, die in der Weltkarte mit ihren Anfangsbuchstaben gekennzeichnet sind, heißen, und schreibe ihre Namen auf.

I ______________________ M ______________________

T ______________________ C ______________________

I ______________________ P ______________________

Name: Datum:

Lösung

1.3 Wie kam es zu den Entdeckungsfahrten?

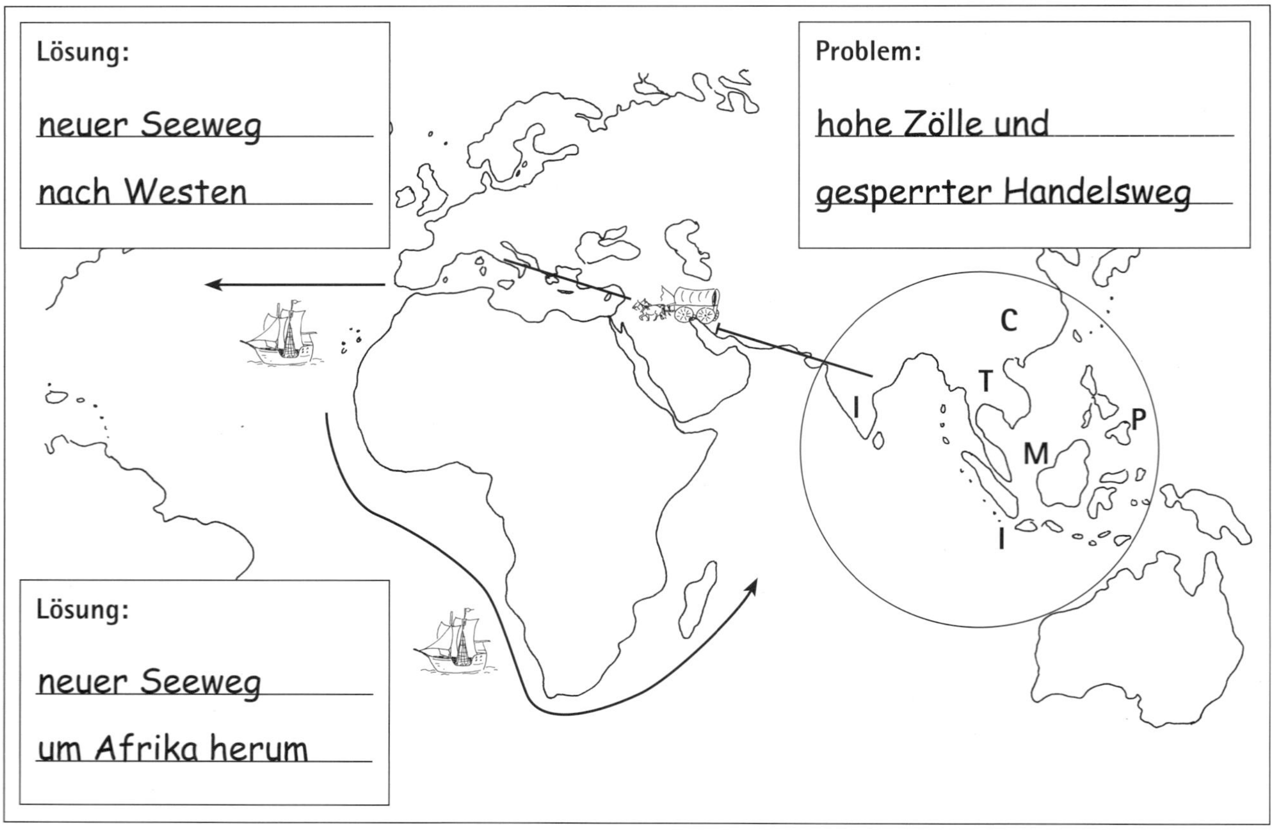

Aufgabe 1:

Welches Problem belastete im ausgehenden Mittelalter den Handel mit Fernost? Welche Lösungen suchte man für dieses Problem? Schreibe die Antworten oben in die Kästen und zeichne in der Karte die neuen Routen ein.

Aufgabe 2:

Mit welchem Namen bezeichnete man den Fernen Osten? Indien

Aufgabe 3:

Schaue in einem Atlas nach, wie die einzelnen Länder des Fernen Ostens, die in der Weltkarte mit ihren Anfangsbuchstaben gekennzeichnet sind, heißen, und schreibe ihre Namen auf.

I Indien

T Thailand

I Indonesien

M Malaysia

C China

P Philippinen

Name: Datum:

Textseite

1.4 Die Themen

a) Bedeutende Entdecker und Eroberer

Um 1000 n. Chr. war der Wikinger **Leif Eriksson** über Grönland bis in den Nordosten Kanadas gesegelt. Er betrat bereits 500 Jahre vor Christoph Kolumbus den amerikanischen Kontinent.

Christoph Kolumbus ist wohl der Bekannteste aller Entdecker. Er war davon überzeugt, dass die Erde eine Kugel sei. So wollte er den Osten (Indien und Japan) finden, indem er nach Westen segelte, in bis dahin völlig unbekannte Teile der Erde.

Kolumbus stützte seine Vermutungen über die Länder des fernen Ostens auf Berichte anderer Reisender. Einer von ihnen war **Marco Polo**, der sich von Europa aus aufmachte, um das ferne China und Indien zu erkunden. Er nahm den Landweg, legte dabei riesige Strecken zurück und war viele Jahre unterwegs.

Ibn Battuta, ein moslemischer Pilger, brach kurz nach Marco Polo von Nordafrika aus auf und bereiste fast 30 Jahre lang den Nahen und Fernen Osten und Afrika. Dabei legte er etwa 120.000 km zurück.

Andere Entdecker wie **Bartholomeu Diaz** und **Vasco da Gama** suchten auf gefahrvollen Reisen den Seeweg nach Indien um die Südspitze Afrikas herum.

Um 1520 unternahm schließlich **Fernando Magellan** das Wagnis, die ganze Erde zu umsegeln und so zu beweisen, dass sie eine Kugelform hat.

Neben Entdeckern mit friedlichen Absichten gab es nach Kolumbus viele, denen es nur um die Eroberung der neu entdeckten Länder und um Erwerb von Gold und Reichtum ging. **Hernando Cortés** eroberte und zerstörte im heutigen Mexiko das Reich der Azteken.

Francisco Pizarro vernichtete mit unvorstellbarer Grausamkeit in Südamerika das blühende Inka-Reich.

Zu den Eroberern gehörten auch Piraten. Einer der Berühmtesten, der mit Duldung der englischen Königin Jagd auf die Schätze der Spanier in der Neuen Welt machte, war **Francis Drake**.

Andere Reisende machten sich von Europa aus auf, um die unbekannten Länder zu erforschen und mehr über Tiere, Pflanzen und geologische und geografische Bedingungen zu erfahren. Zu ihnen gehörte **James Cook**. Etwa 280 Jahre nach Kolumbus erforschte er auf drei Weltreisen viele Gebiete der Erde von Alaska im Norden bis zur Antarktis im Süden.

Name: Datum:

Textseite

Alexander von Humboldt, ein deutscher Forscher, schrieb über seine Naturforschungen besonders in Südamerika einen 35-bändigen Reisebericht. Dieser fand weltweit große Beachtung.

David Livingstone und **Henry Stanley** erforschten zwischen 1850 und 1900 das damals völlig unbekannte Innere von Afrika.

Ein deutscher Forscher, der den Norden Afrikas mit seinen ausgedehnten Wüsten erforschte, war **Heinrich Barth**.

So unterschiedlich die Motive der Entdecker und Eroberer waren, lange Reisen und große Strapazen auf sich zu nehmen, so unterschiedlich waren ihre Charaktereigenschaften: rücksichtslos und brutal, neugierig und naturliebend, habgierig und arrogant, intelligent und von missionarischem Eifer getrieben. Alle aber waren mutig und entschlossen, ihr Ziel zu verfolgen. Dafür waren sie bereit, auch schlimmste Entbehrungen, Anstrengungen und Leid auf sich zu nehmen und eventuell sogar ihr Leben zu riskieren.

Einige wurden wegen ihrer Taten hoch geehrt, andere waren Neid und Missgunst ausgesetzt. Einige wurden durch Raubzüge reich, andere starben einsam und verarmt. Alle aber führten ein faszinierendes, abenteuerliches Leben.

b) An Bord der großen Segelschiffe

Zu all diesen Entdeckern und Eroberern kannst du in dieser Lerneinheit Spannendes erfahren. In zwei weiteren Kapiteln wird berichtet, wie die Menschen damals an Bord der großen Segelschiffe lebten und wie sie den richtigen Weg auf der unendlichen Weite der Weltmeere fanden.

Name: Datum:

Bildseite

Die wichtigsten Entdecker und Eroberer

Name: Datum:

Textseite

2.1 Leif Eriksson

a) Wikinger erreichen den amerikanischen Kontinent

Schon lange vor Kolumbus waren Europäer auf dem amerikanischen Kontinent gelandet. Es waren die Wikinger, die man auch Nordmänner oder Normannen nannte, die vermutlich um das Jahr 1000 n. Chr. den Nordosten von Nordamerika erreichten.

Ihr Anführer hieß Leif Eriksson (I). Er segelte bis zum heutigen Neufundland an der Ostküste Kanadas.

b) Die Besiedlung Islands

Die Wikinger verbreiteten am Ende des 8. Jahrhunderts von Skandinavien aus in vielen Teilen Europas Angst und Schrecken. Nach dem Untergang des Römischen Reiches raubten und plünderten sie in Dörfern und Städten und gründeten Niederlassungen an den Küsten Westeuropas und in Britannien.

Ihre Seefahrten führten sie von der Ostsee in die Nordsee und zu den Shetland-Inseln nördlich von Schottland und weiter zu den Färöer-Inseln. Diese wurden am Anfang des 9. Jahrhunderts besiedelt. Erst rund 50 Jahre später unternahmen sie Fahrten, die sie zu dem 480 km entfernten Island brachten. Hier ließen sie sich nieder und gründeten Siedlungen.

c) Die Entdeckung Grönlands

Etwa 982 verließ Erik der Rote, der Vater von Leif Eriksson, Island westwärts. Er hatte von anderen Seefahrern gehört, dass sie dort Land gesichtet hatten. Er stieß tatsächlich auf Land am Fuß eines gewaltigen Gletschers. Nach drei Jahren Erkundung kehrte er nach Island zurück.

Um Siedler zu ermutigen, ihm zu folgen, gab er dem neu entdeckten Land den verlockenden Namen „Grönland" (grünes Land). Tatsächlich war dort das Klima damals milder als heute. Einige siedlungswillige Leute kamen schließlich mit ihm und ließen sich an der Westküste Grönlands nieder.

d) Eriksson betritt amerikanischen Boden

Ein paar Jahre später hörte Leif Eriksson von einem seefahrenden Händler, dass er südwestlich von Grönland weiteres Land gesichtet, aber nicht betreten hatte. Dem wollte der Sohn von Erik dem Roten nachgehen.

Leif Eriksson segelte um 1000 n. Chr. mit einem Drachenboot (II) zunächst ausgehend von der Südspitze Grönlands nordwärts an der Küste Grönlands entlang und dann nach Westen. Bald erreichte er ein ödes Land, das er „Helluland" (Steinland) nannte. Es liegt südlich der großen Baffininsel und gehört schon zum amerikanischen Kontinent. Er änderte seinen Kurs und fuhr südwärts. Hier erreichte er einen Landstrich, den er „Markland" (Waldland) nannte.

Auf seinem weiteren Weg nach Süden kam er in eine Gegend, in der im Vergleich zu Grönland ein angenehmes Klima herrschte und der Weizen prächtig gedieh. Er gab diesem Land den Namen „Vinland". Die Forscher streiten bis heute, ob dies „Weinland" oder „Weideland" bedeutet. Dieses Gebiet war das heutige Neufundland.

Die Wikinger überwinterten dort und kehrten anschließend nach Grönland zurück. So war Leif Eriksson der erste Europäer, der amerikanischen Boden betrat.

e) Siedlungsversuch in Vinland

Da Eriks Vater inzwischen verstorben war, musste Leif als ältester Sohn in Grönland bleiben und den Hof bewirtschaften. Nun segelten seine Brüder Thorwald und anschließend Thorstein nach Vinland und unternahmen den Versuch, eine Siedlung aufzubauen.

Es kam aber zu Kämpfen mit den einheimischen Indianern und zu Streitigkeiten unter den Siedlern. So gaben sie den ersten Siedlungsversuch auf dem amerikanischen Kontinent im 12. Jahrhundert wieder auf. Die Wikinger kehrten nach Grönland zurück. Es gab keinen weiteren Versuch, Vinland zu besiedeln.

Name: Datum:

Textseite

f) Grönland wird verlassen

Allmählich wurde das Klima in Grönland kälter und das Land damit unbewohnbar. Bis zum 15. Jahrhundert verließen alle Wikinger das Land oder verstarben. Die Eskimos übernahmen das Gebiet wieder für sich.

g) Wissen über die Wikinger

Woher wissen wir, dass etwa 500 Jahre vor Kolumbus schon die Wikinger den amerikanischen Kontinent entdeckt und hier einen Siedlungsversuch unternommen haben?

In einer alten Wikinger-Saga (überlieferte Geschichte) wird davon berichtet, dass Leif Eriksson mit 35 Mann Richtung Südwesten segelte und auf eine Insel stieß, die er „Vinland" nannte. In der Saga heißt es: „Am Morgen beschlossen sie, hier zu überwintern und zu diesem Zweck feste Hütten zu bauen, denn weder in dem Fluss noch in dem See, aus dem er kam, fehlte es an Lachsen. Es gab im Winter auch keinen Frost und die Nächte waren bei weitem nicht so lang wie auf Island oder Grönland."

In den 1960er-Jahren unternahmen norwegische Forscher eine intensive Untersuchung der Nordostküste von Kanada. An der Nordspitze von Neufundland gruben sie acht Wikingerhäuser mit Werkstätten und Vorratslagern aus. Sie waren ähnlich gebaut wie die Wikingerhäuser auf Island und Grönland. Das größte Haus hatte Ausmaße von 16 x 20 m. Nachbauten dieser Häuser wurden hier neu errichtet (III).

Genauere Untersuchungen zeigten, dass dieser Platz von 980 bis 1020 bewohnt war. Man fand Eisenteile, einen Schmelzofen und einen Holzkohlenmeiler. Die Indianer kannten damals noch kein Metall.

Wenn du zu diesen Begriffen weiterforschst, erfährst du noch mehr über dein Thema: **Eskimo, Grönland, Island, Wikinger, Baffin-Insel, Neufundland.**

Name: Datum:

Bildseite

2.1 Leif Eriksson

I. Leif Eriksson

II. Drachenboot der Wikinger

III. Wikingerhäuser in Neufundland

Name: Datum:

Arbeitsblatt

2.1 Leif Eriksson

Aufgabe 1:

Ergänze den Satz.

Die besondere Leistung von Leif Eriksson bestand darin, dass er ______________________________

____

Aufgabe 2:

Beschrifte die Länder mithilfe eines Atlas. Zeichne die Route der Wikinger ein.

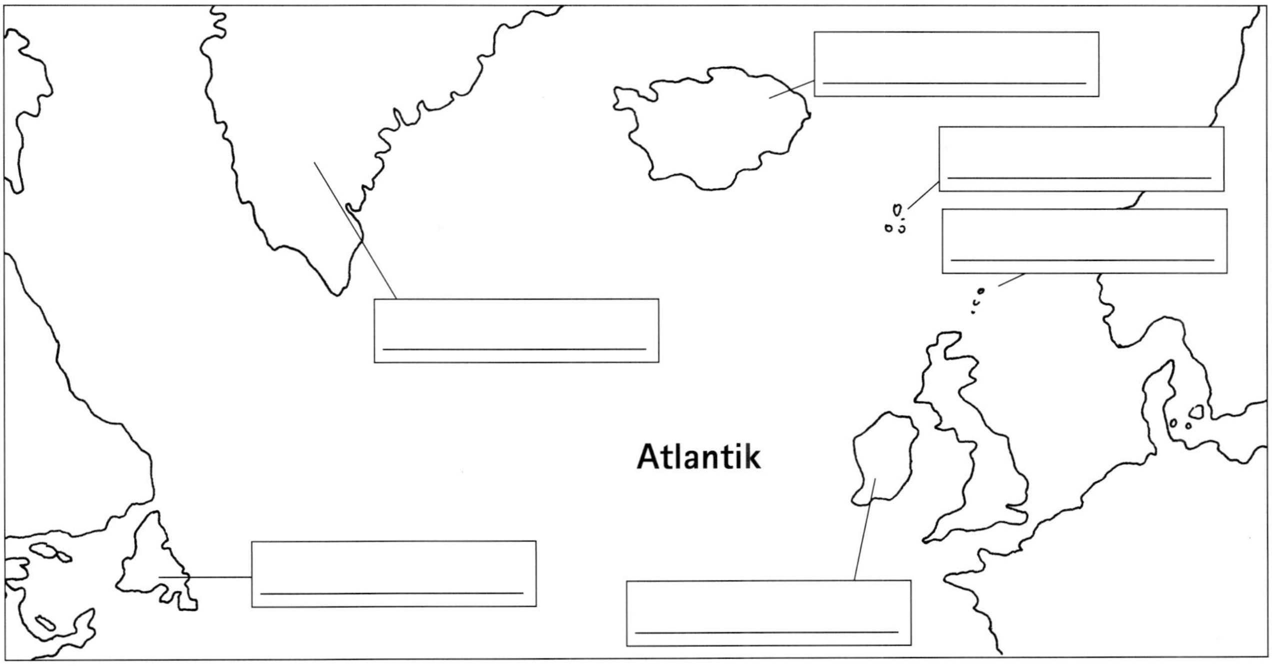

Aufgabe 3:

Beschreibe die Routen der Wikinger nach Amerika (Länder, Inseln, Himmelsrichtungen, Jahreszahlen).

a) Route nach Island: ____

____

b) Route nach Grönland: ____

____

c) Route nach Vinland: ____

____

____

Name: Datum:

Lösung

2.1 Leif Eriksson

Aufgabe 1:

Ergänze den Satz.

Die besondere Leistung von Leif Eriksson bestand darin, dass er den Seeweg nach Amerika erkundete und diesen unbekannten Kontinent betrat.

Aufgabe 2:

Beschrifte die Länder mithilfe eines Atlas. Zeichne die Route der Wikinger ein.

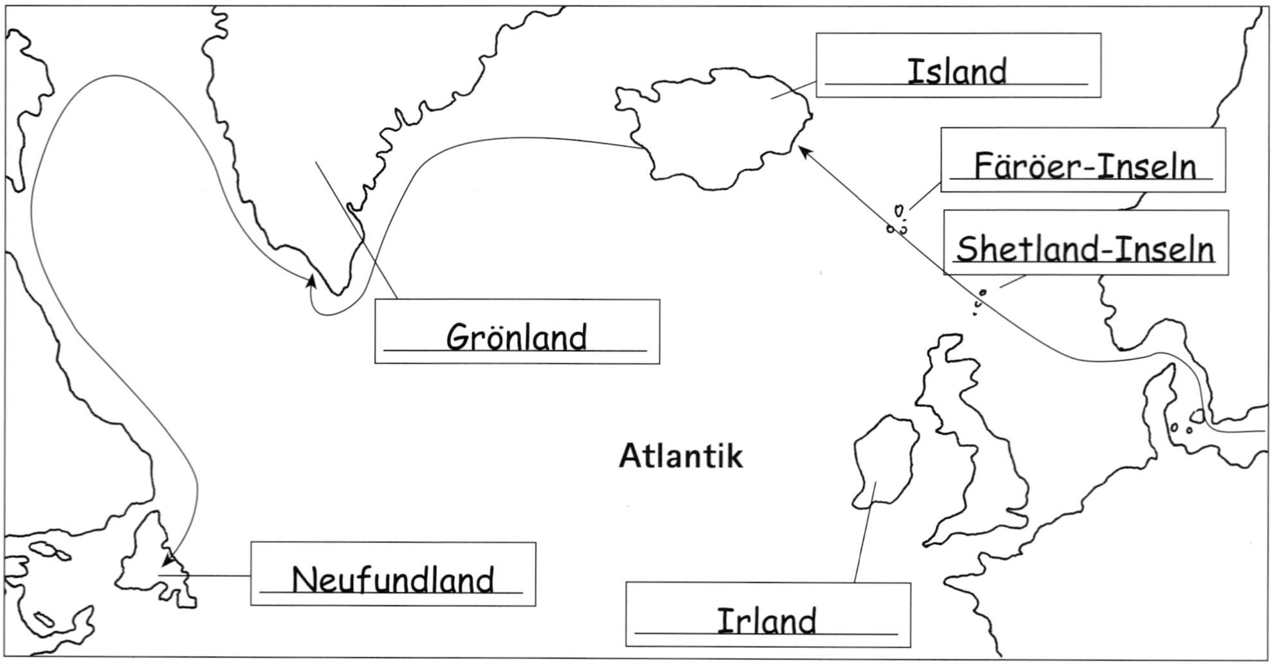

Aufgabe 3:

Beschreibe die Routen der Wikinger nach Amerika (Länder, Inseln, Himmelsrichtungen, Jahreszahlen).

a) Route nach Island: Von der Ostsee fuhren die Wikinger in die Nordsee, weiter zu den Shetland-Inseln und den Färöer-Inseln bis nach Island (um 860 n. Chr.).

b) Route nach Grönland: 982 fuhr Erik der Rote nach Grönland, anschließend ließen sich die Wikinger an der Westküste nieder.

c) Route nach Vinland: Um 1000 segelte L. Eriksson an der Küste von Grönland entlang, dann westwärts. Südlich der Baffin-Insel erreichte er den amerikanischen Kontinent und fuhr bis Neufundland.

Name: Datum:

Ergänzung

2.1 Leif Eriksson

Hier kannst du weiterlesen:

Sachbücher

1. „Großer Atlas der Forscher und Entdecker" herausgegeben von Shona Grimbly, Orbis Verlag, 2003.
2. „Das große National Geographic Lexikon – Die 100 bedeutendsten Entdecker", National Geographic, 2003.
3. „Die größten Entdecker der Welt" von Rosemary Burton u.a., Gondrom Verlag, 2003.
4. „Die Geschichte der Entdecker" von Daniela Forni, Bertelsmann Jugendbuch Verlag, 2000.
5. „Dumonts Enzyklopädie der Seefahrer und Entdecker", DuMont Verlag, 2002.
6. „Wer war das? Abenteurer und Entdecker" von Christiane Schulz-Reiss, Loewe-Verlag, 2006.
7. „Entdecker und ihre Reisen" von Dr. Rainer Köthe, Reihe: „Was ist was", Tessloff Verlag, 2010.
8. „Die großen Entdecker", 2 CDs, Moderation: Gabi Bauer, National Geographic Audio, 2003.
9. „Die Wikinger" von Hildegard Elsner, Reihe: „Was ist was", Tessloff Verlag, 2010.

Erzählende Bücher

1. „Eriks Tochter" von Joan Clark, dtv, 2003.
2. „Erik der Rote oder die Suche nach dem Glück" von Tilman Röhrig, Bastei Lübbe Verlag, 1999.
3. „Die Leute von Birka" von Sven Nordqist, Oetinger Verlag, 2002.

Das kannst du noch tun:

1. Merktext

Schreibe für deine Mitschüler einen Merktext über deinen Entdecker und benutze dabei das Arbeitsblatt und einen schwarzen Fineliner.

2. Stichwortzettel

Lege für deinen Vortrag einen Stichwortzettel auf einer Karteikarte (DIN A6) an. Schreibe dazu die Überschriften des Basistextes auf und ergänze noch einige Stichwörter zu jeder Überschrift.

3. Lebenslauf

Sammle aus Lexika und anderen Büchern möglichst viele Lebensdaten des Entdeckers und gestalte mithilfe des Arbeitsblattes einen Lebenslauf.

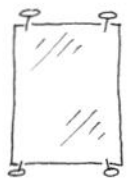

4. Plakat

Gestalte zu deinem Entdecker ein Plakat. Benutze dazu die beiliegende Anleitung.

5. Eine Pflanze aus fernen Ländern – die Erdnuss

Die Entdecker haben neben vielen anderen Dingen auch einige Pflanzen mitgebracht. Dazu gehörten z.B. Paprika, Ananas, Mais, Kartoffeln, Tabak und Tomaten. Auch waren Pflanzen wie der Pfeffer, die Gewürznelke oder die Muskatnuss wichtige Gründe für die Suche nach neuen Handelswegen. Informiere dich über die **Erdnuss** (siehe Bildseite mit Pflanzen), die aus fernen Ländern stammt. Gestalte dazu eine kurze Information (siehe beiliegendes Arbeitsblatt „Pflanzen aus fernen Ländern").

Name: Datum:

Textseite

2.2 Marco Polo

a) Die Gebrüder Polo beim Großkhan

Im Jahre 1260 machten sich die beiden Brüder Nicolo und Maffeo Polo von Venedig aus auf in den Osten. Sie waren Händler und suchten neue Handelsbeziehungen in Asien. In Buchara trafen sie einen Gesandten, der gerade auf dem Weg zum mongolischen Großkhan und Kaiser von China Kublai Khan war. Sie schlossen sich der Gesandtschaft an und erreichten 1266 den Hof des Kaisers in Beijing (Peking).

Sie hatten als erste Europäer den ganzen asiatischen Kontinent durchquert. Drei Jahre benötigten sie für die Rückreise. Als Nicolo Polo nach Venedig zurückkam, war seine Frau gestorben und sein Sohn Marco herangewachsen.

b) Marco Polo als Begleiter seines Vaters

Zwei Jahre später (1271) machten sich die Polos erneut auf den Weg zum Hofe des Kublai Khans. Dieses Mal nahm Nicolo seinen 17-jährigen Sohn Marco mit (I). Sie fuhren über das Mittelmeer nach Akko im Nahen Osten (III). Hier nahm die Reisegruppe zwei Mönche auf, die dem Kaiser Briefe und Geschenke des Papstes überbringen sollten. Ihr Weg führte sie nun über Kayseri und SIvas nach Erzurum in Armenien. Als die Reisegruppe aber hier in einen Krieg geriet, hielten die Mönche die ganze Reise für zu gefährlich und kehrten nach Europa zurück.

c) Die Reise zum Hindukusch

Die Polos setzten ihren Weg aber fort und erreichten über Täbris, Qom und Kerman die Hafenstadt Bandar Abbas am Persischen Golf. Hier überlegten sie, ob sie mit dem Schiff nach Indien weitersegeln sollten. Doch schienen ihnen die arabischen Schiffe zu unsicher, sodass sie den Landweg vorzogen.

Über Kerman und Qayen im heutigen Iran zogen sie weiter durch das Gebiet des heutigen Afghanistans. Über Herat und Sheberghan gelangten sie am Hindukusch-Gebirge vorbei zum Pamir-Gebirge. Am Fuße dieses Gebirges verbrachten sie den Winter 1271/1272. Sie überquerten das Gebirge im Frühjahr in einer 40 Tage dauernden Reise. Sie mussten Höhen bis zu 4.000 m überwinden. Die Schneefallgrenze liegt hier aber wegen des trockenen Klimas noch höher.

d) Marco erkrankt

Hinter dem Pamir erstreckt sich die Wüste Taklimakan. Diese wurde in einigen Tagen durchwandert, bis die Reisegruppe nach Kaschgar, einer Handelsstadt im heutigen Nordwesten Chinas, kam. Hier wurde Marco Polo krank und brauchte ein Jahr, um sich zu erholen.

Über Hotan, Qiemo und Dunhuang ging es nach Zhangye. Hier hielten sich die Polos etwa ein Jahr auf, um persönlichen Geschäften nachzugehen.

e) Chinas Hauptstadt

Aufgehalten durch Stürme und Unwetter erreichte die Reisegruppe über die Stadt Yinchuan schließlich nach dreieinhalb Jahren die Stadt Cambaluc, das heutige Peking. Hier war der Sitz des Großkhans mit seinen Palästen. Der Herrscher befand sich allerdings nicht in der Stadt, sondern auf seiner Sommerresidenz in Shangtu dem berühmten Xanadu nördlich von Cambaluc. Die Reisegruppe zog dorthin weiter.

f) In den Diensten des Kublai Khans

Vor dem Großkhan, der ein Enkel des Dschingis Khan war, knieten die Polos nieder und wurden herzlich empfangen. Der Kublai Khan war beeindruckt von dem jungen Marco Polo, der sich sehr wissbegierig zeigte, und schnell die Sprachen des Mongolenreiches lernte. So nahm er ihn in seine Dienste und Marco reiste in den nächsten 17 Jahren mit verschiedenen Aufträgen durch weite Teile des riesigen Mongolenreiches. Er lernte Ostasien kennen, wie kein Europäer vor ihm.

Besonders hatte es ihm die Stadt Hangzhou in China angetan. Sie war 1276 von den Mongolen erobert worden und Marco Polo amtierte hier von 1282 bis 1285 als Gouverneur.

Name: Datum:

Textseite

Hangzhou war eine reiche Hafenstadt an der chinesischen Ostküste. Mit ihren Kanälen und prachtvollen Häusern erinnerte sie ihn an seine Heimatstadt Venedig. In seinem Reisebericht schreibt er, es sei „die bei weitem glanzvollste Stadt der Welt mit 160.000 Herden". Er berichtet von öffentlichen Bädern, in denen hunderte von Männern und Frauen gleichzeitig baden konnten. Diese Bäder wurden mit Kohlen geheizt, was für einen Europäer damals etwas Außergewöhnliches war.

g) Rückreise mit dem Schiff

1292 beschlossen die Polos, wieder nach Europa zurückzureisen. Diesmal nahmen sie den Seeweg. Bei Quanzhou stachen sie mit 14 Schiffen und 600 Passagieren in See. An der Küste des heutigen Vietnam vorbei segelten sie zwischen der Halbinsel Malakka und Sumatra hindurch. Hier saßen sie wegen ungünstiger Winde mehrere Monate fest.

Auf ihrem Weg um Indien herum starben viele Mitreisende durch Unwetter und an Skorbut, einer Mangelerkrankung. Nur 18 Passagiere überlebten, unter ihnen die Polos.

Sie erreichten wieder Bandar Abbas und reisten von hier über Kerman, Qom und Täbris nach Trapezunt am Schwarzen Meer. Mit dem Schiff fuhren sie nach Konstantinopel (dem heutigen Istanbul) und um Griechenland herum nach Venedig.

Nach seiner Rückkehr schrieb Marco Polo ein umfangreiches Buch über seine Reiseerlebnisse. Es war die erste umfassende Darstellung Asiens, einem Kontinent, von dem die Europäer bis dahin sehr wenig wussten (II).

Wenn du zu diesen Begriffen weiterforschst, erfährst du noch mehr über dein Thema: **Dschingis Khan, Kublai Khan, Venedig, Seidenstraße.**

Name: Datum:

Bildseite

2.2 Marco Polo

I. Marco Polo

Et des merueilles

II. Auszug aus Marco Polos Reisebericht

III. Abreise der Polos aus Venedig

Name: Datum:

Arbeitsblatt

2.2 Marco Polo

Aufgabe 1:

Zeichne mit Rot die Reiseroute von Marco Polo von Venedig nach Shangtu in die Karte ein, indem du die Orte entsprechend der Reiseroute miteinander verbindest.

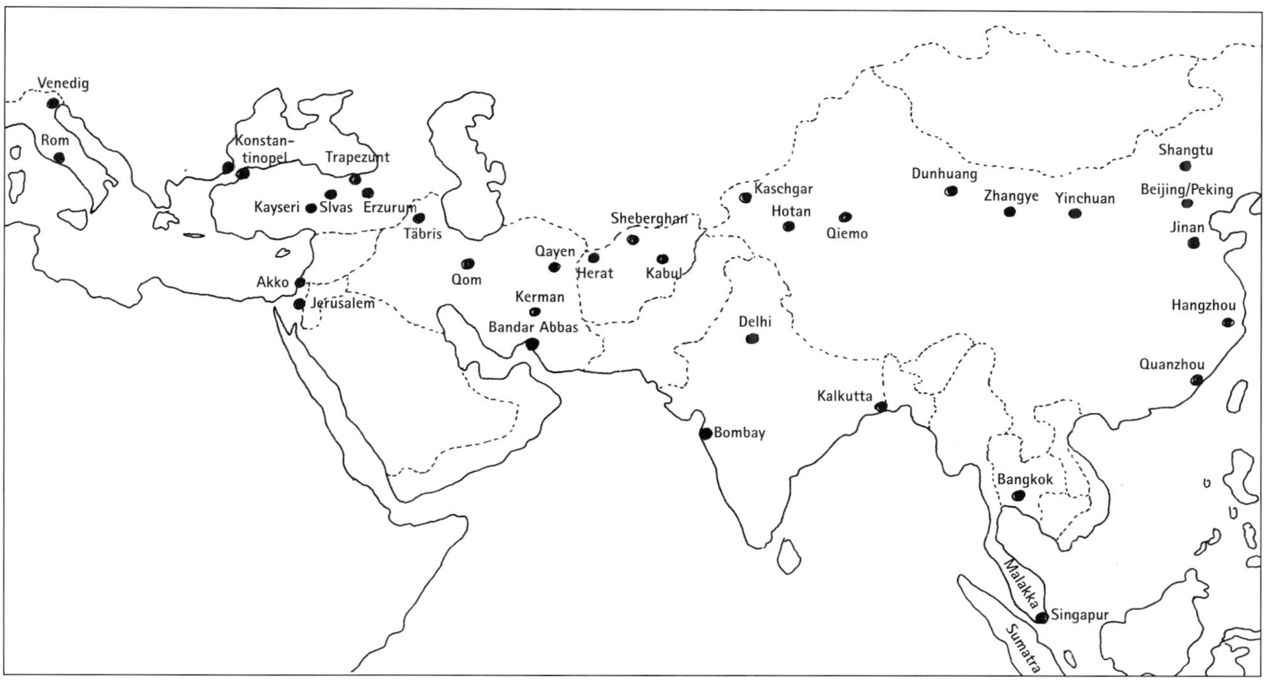

Aufgabe 2:

Schreibe mithilfe des Atlas auf, durch welche heutigen Länder Marco Polo gereist ist.

Aufgabe 3:

Ergänze den Satz.

Die besondere Leistung von Marco Polo bestand darin, dass er

Name: Datum:

Lösung

2.2 Marco Polo

Aufgabe 1:

Zeichne mit Rot die Reiseroute von Marco Polo von Venedig nach Shangtu in die Karte ein, indem du die Orte entsprechend der Reiseroute miteinander verbindest.

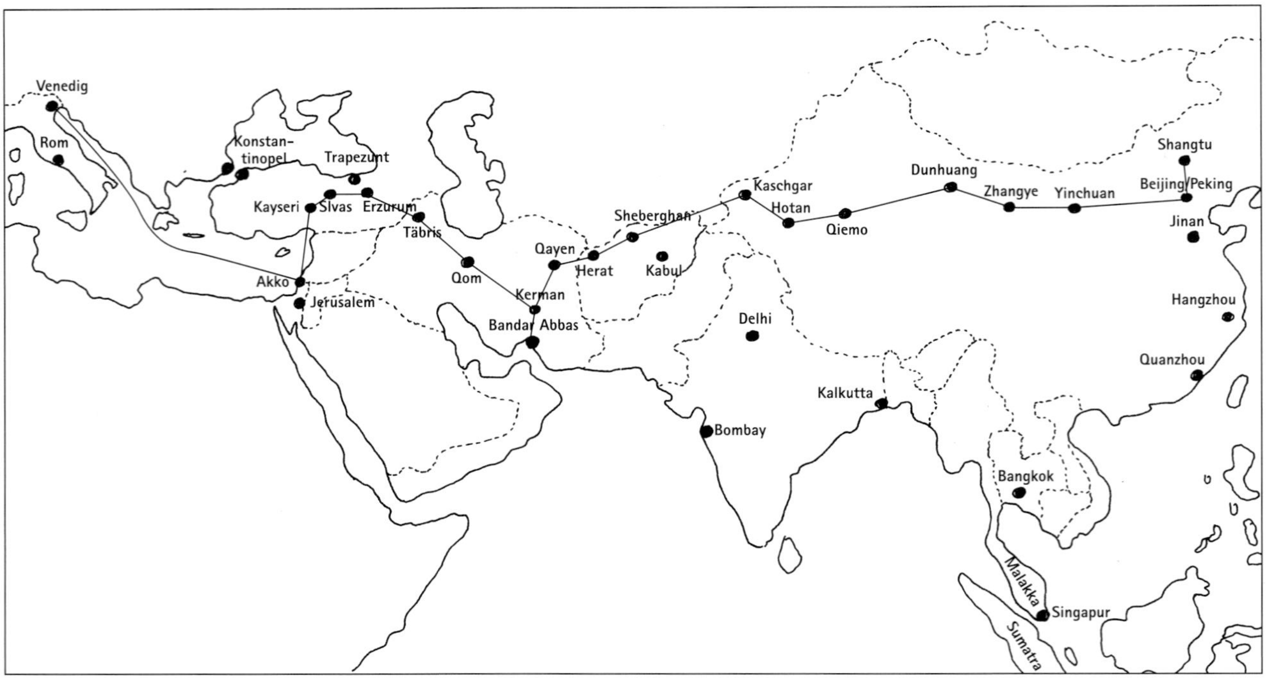

Aufgabe 2:

Schreibe mithilfe des Atlas auf, durch welche heutigen Länder Marco Polo gereist ist.

Israel, Syrien, Türkei, Iran, Afghanistan, China, Malaysia, Indien

Aufgabe 3:

Ergänze den Satz.

Die besondere Leistung von Marco Polo bestand darin, dass er den asiatischen Raum bereiste und China erforschte.

Name: Datum:

Ergänzung

2.2 Marco Polo

Hier kannst du weiterlesen:

Sachbücher

1. „Großer Atlas der Forscher und Entdecker" herausgegeben von Shona Grimbly, Orbis Verlag, 2003.
2. „Das große National Geographic Lexikon – Die 100 bedeutendsten Entdecker", National Geographic, 2003.
3. „Die größten Entdecker der Welt" von Rosemary Burton u. a., Gondrom Verlag, 2003.
4. „Dumonts Enzyklopädie der Seefahrer und Entdecker", DuMont Verlag, 2002.
5. „Entdecker und ihre Reisen" von Dr. Rainer Köthe, Reihe: „Was ist was", Tessloff Verlag, 2010.
6. „Entdecker" von Philip Wilkinson, Tessloff Verlag, 2003.

Erzählende Bücher

1. „Dschingis Khan" von Rainer M. Schröder, Bertelsmann Jugendbuch-Verlag, 2002.
2. „Der Ozean des Mondes" von Jamila Gavin, Ravensburger Verlag, 2005.
3. „Die aus der Steppe kommen" von Waldtraut Lewin, Ravensburger Verlag, 2002.
4. „Die seltsamen Abenteuer des Marco Polo" von Willi Meinck, Kinderbuchverlag, 1994.
5. „Karawane ins Verderben" von Marliese Arold, Pelikan Verlag, 1991.

Das kannst du noch tun:

1. Merktext

Schreibe für deine Mitschüler einen Merktext über deinen Entdecker und benutze dabei das Arbeitsblatt und einen schwarzen Fineliner.

2. Stichwortzettel

Lege für deinen Vortrag einen Stichwortzettel auf einer Karteikarte (DIN A6) an. Schreibe dazu die Überschriften des Basistextes auf und ergänze noch einige Stichwörter zu jeder Überschrift.

3. Lebenslauf

Sammle aus Lexika und anderen Büchern möglichst viele Lebensdaten des Entdeckers und gestalte mithilfe des Arbeitsblattes einen Lebenslauf.

4. Plakat

Gestalte zu deinem Entdecker ein Plakat. Benutze dazu die beiliegende Anleitung.

5. Eine Pflanze aus fernen Ländern – die Gewürznelke

Die Entdecker haben neben vielen anderen Dingen auch einige Pflanzen mitgebracht. Dazu gehörten z. B. Paprika, Ananas, Mais, Kartoffeln, Tabak und Tomaten. Auch waren Pflanzen wie der Pfeffer, die Gewürznelke oder die Muskatnuss wichtige Gründe für die Suche nach neuen Handelswegen. Informiere dich über die **Gewürznelke** (siehe Bildseite mit Pflanzen), die aus fernen Ländern stammt. Gestalte dazu eine kurze Information (siehe beiliegendes Arbeitsblatt „Pflanzen aus fernen Ländern").

Name: Datum:

Textseite

2.3 Ibn Battuta

a) Weltrekord im Reisen

Den Weltrekord im Reisen hielt zu Beginn des 14. Jahrhunderts ein Moslem aus Tangar in Nordafrika: Ibn Battuta (I). Er reiste fast 30 Jahre lang quer durch Asien und Nordafrika und legte dabei 120.000 km zurück.

Jedem Moslem wird von seiner Religion zur Auflage gemacht, einmal im Leben nach Mekka in Saudi Arabien zu pilgern. Hier in Mekka steht das größte Heiligtum des Islam, die Kaaba. So machte sich Battuta im Jahre 1325 als 21-Jähriger zu seiner ersten Pilgerfahrt nach Mekka auf. Er wollte aber auch sein Wissen über die islamische Welt erweitern und suchte nach Abenteuern.

b) Arbeit als Rechtsgelehrter, Almosen und Handel

Ibn Battuta hatte als junger Mann eine Ausbildung als Gelehrter des islamischen Rechts erhalten. So konnte er während seiner Reise durch die bis nach Sumatra reichende islamische Welt gelegentlich durch Rechtsprechung seinen Unterhalt verdienen. Daneben trieb er wohl auch Handel. Als Unterstützung erhielt er darüber hinaus als Pilger Almosen auf seinem langen Weg, denn das Beschenken mit Almosen ist Sitte in der arabischen Welt.

c) Erste Reise nach Mekka

Ibn Battuta brach 1325 auf. Der Abschied von seinen Eltern und seiner Heimatstadt fiel ihm schwer. Zunächst ging die Pilgerreise auf dem Landweg entlang der afrikanischen Mittelmeerküste nach Alexandria in Ägypten (III). Da Reisen zu der damaligen Zeit wegen Krankheiten und Wegelagerern recht gefährlich war, schloss er sich bald einer Pilgergruppe an.

Da es zu der Jahreszeit von Alexandria aus keine Pilgerzüge nach Osten gab, blieb er in Ägypten und erkundete das Nildelta. Ibn Battuta hielt sich einige Wochen in Kairo auf und reiste weiter nach Süden in der Hoffnung, über das Rote Meer nach Dschidda übersetzen zu können. Doch wegen kriegerischer Auseinandersetzungen waren hier alle Schiffe zerstört und er musste auf gleichem Weg wieder zurück nach Kairo.

d) Erschöpfung bei der Durchquerung der Wüste

Von hier reiste Ibn Battuta weiter nach Jerusalem und Damaskus und schließlich über die heilige Stadt Medina nach Mekka (III). Für die 1.200 km lange Strecke von Damaskus nach Medina und anschließend noch 300 km bis Mekka brauchte er etwa 40 Tage. Der Weg führte durch eine karge, wüstenähnliche Landschaft.

Von dort zog er allerdings nicht wieder in seine Heimat, sondern schlug den Weg quer durch die arabische Wüste nach Bagdad ein. Als er unter anderem die Städte Täbris in Persien (Iran) und Mosul im Irak besucht hatte, kehrte er nach Mekka zurück.

Der Weg durch die Wüste war wieder sehr beschwerlich, sodass Ibn Battuta, außerdem von einer Krankheit gezeichnet, völlig erschöpft 1327 in Mekka ankam. Hier blieb er etwa ein Jahr, um sich zu erholen.

e) Reise durch Teile Afrikas

In den nächsten Jahren bereiste er weite Teile von Afrika und der arabischen Halbinsel. Zunächst ging es von Mekka zur Hafenstadt Dschidda und von hier mit dem Schiff durchs Rote Meer in den Jemen (III). Es folgte ein Abstecher nach Afrika. Um das Horn von Afrika herum segelte er nach Mogadischu, wo er von dem moslemischen Herrscher als Ehrengast empfangen wurde. Seine Reise führte ihn schließlich weiter nach Süden über Mombasa in Kenia bis Kilwa in Tansania.

Von Kilwa aus segelte Ibn Battuta zur arabischen Halbinsel. Über Stationen wie Salalah und Sur gelangte er in den Persischen Golf und kehrte schließlich wieder nach Mekka zurück.

f) Reise über die Türkei nach Indien

Ende 1330 brach er erneut zu einer Reise auf, die ihn in die Türkei führte (III). Im November 1331 erreichte

Name: Datum:

Textseite

er Sinop am Schwarzen Meer, das er überquerte. Er reiste dann nach Osten durch die asiatische Steppe bis zur Wolga. Hier traf er den mongolischen Khan, der ihn mit einem Auftrag zurück nach Konstantinopel (heute Istanbul) schickte.

Bald darauf reiste er wieder nach Osten. Er erreichte das Wolgagebiet, das er Mitte Dezember 1332 wieder verließ. Sein Ziel war Indien. Er zog am Aralsee vorbei nach Samarkand und über den Hindukusch nach Süden. 1333 kam er zu dem großen Fluss Indus, von dort reiste er weiter nach Delhi.

g) Arbeit als Hofbeamter und Richter

Hier änderte sich sein umherschweifendes Leben. Er wurde vom Sultan als Hofbeamter und Richter eingestellt und acht Jahre lang großzügig bezahlt. Der Sultan betraute ihn mit einer Mission und schickte ihn zum König von China. Mit einer Karawane von mehreren Gesandten und 200 Sklaven zog er an die Westküste Indiens und von hier mit zwei Schiffen um Indien herum. Kurz hinter Dehli wurden sie von Wegelagerern überfallen. Ein Sturm versenkte dann im Hafen von Calicut die beiden Schiffe. Alle Sklaven und die Gesandten kamen dabei ums Leben.

Ibn Battuta setzte seine Reise 1345 dennoch fort, wurde aber auf der Malediven-Insel Male mehrere Monate festgehalten. Nach Zwischenstationen auf Sri Lanka und in Indien gelangte er doch noch auf dem Seeweg ins südchinesische Meer. Er erzählt in seinem ausführlichen Reisebericht auch von Besuchen in Peking, wobei fraglich ist, ob er überhaupt dort gewesen ist.

h) Heimreise

1346 begann er seine Heimreise, die ihn auf dem Seeweg bis an die Südspitze der arabischen Halbinsel brachte. Wieder durch Persien, Irak und Syrien gelangte er 1348 noch einmal nach Mekka. In vielen Städten, durch die er kam, wütete zu dieser Zeit die Pest. Kairo war fast vollständig entvölkert durch die Seuche. Er blieb verschont, wollte aber nun möglichst schnell in seine Heimatstadt Tanger zurück.

1351 unternahm er eine weitere Reise. Diesmal ging es wagemutig durch die Wüste Sahara in das moslemische Königreich Mali. Er erkundete das Land und den Fluss Niger und kehrte 1354 mit einer Sklavenkarawane nach Fes zurück.

Wenn du zu diesen Begriffen weiterforschst, erfährst du noch mehr über dein Thema: **Pilger, Mekka, Kaaba, Moslems, Islam, Sahara.**

Name: | Datum:

Bildseite

2.3 Ibn Battuta

I. Ibn Battuta

II. Ibn Battuta auf der Reise

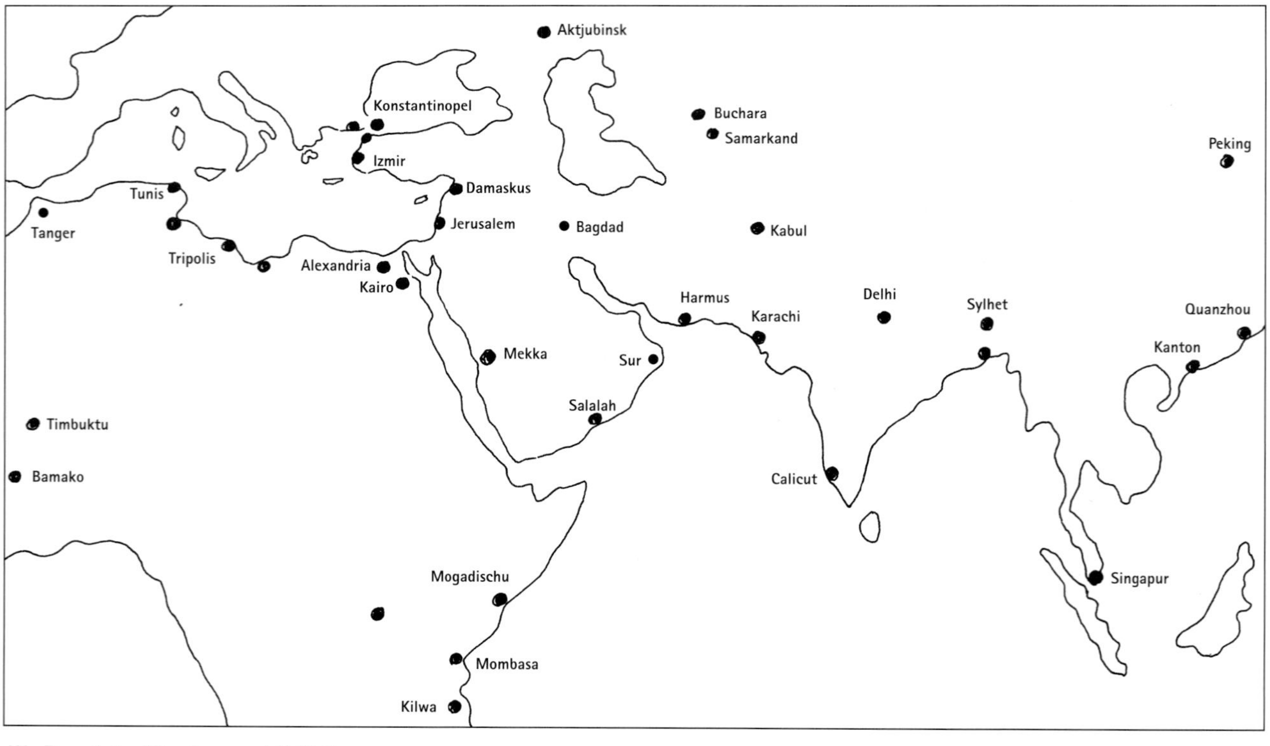

III. Bereiste Länder und Städte

Name: Datum:

Arbeitsblatt

2.3 Ibn Battuta

Aufgabe 1:

Ergänze den Satz.

Die besondere Leistung von Ibn Battuta bestand darin, dass er ______________________________

____

Aufgabe 2:

Fülle die Lücken aus.

Ibn Battuta wurde im Jahre ________ in der Stadt ______________ in _________________ geboren.

Hier hat er als junger Mann _________________________ studiert. Im Jahr ________ machte er

sich zu seiner ersten Pilgerreise nach _________ in _______________________ auf. Während seiner

Reisen sorgte er für seinen Unterhalt, indem er

a) ____, b) __________________________________,

c) ____.

Von Mekka aus reiste er durch die _______________________ nach ______________. Nach seiner Rückkehr

war er so erschöpft, dass er ____.

In den darauffolgenden Jahren bereiste er den Kontinent ___________ und besuchte die Städte

_________________________, __________________________ und ___________________________.

Er kehrte schließlich wieder nach ____________ zurück.

1330 bis 1333 führten ihn seine Reisen in die Länder _____________, _____________, _____________

und _____________. Hier arbeitete er _______ Jahre als __________________ und _______________.

Auf seiner Heimreise nach ___________ sah er die schreckliche Krankheit _________, blieb aber

von ihr verschont. Schließlich brach er im Jahre _________ noch einmal auf. Dieses Mal ging es durch

die Wüste ___________ nach _______ und er erkundete den Fluss ________.

Name: Datum:

Lösung

2.3 Ibn Battuta

Aufgabe 1:

Ergänze den Satz.

Die besondere Leistung von Ibn Battuta bestand darin, dass er über fast 30 Jahre große Teile von Afrika und Asien bereiste.

Aufgabe 2:

Fülle die Lücken aus.

Ibn Battuta wurde im Jahre 1304 in der Stadt Tanger in Nordafrika geboren. Hier hat er als junger Mann islamisches Recht studiert. Im Jahr 1325 machte er sich zu seiner ersten Pilgerreise nach Mekka in Saudi Arabien auf. Während seiner Reisen sorgte er für seinen Unterhalt, indem er

a) sich in der Rechtsprechung betätigte, b) Handel trieb,

c) Almosen sammelte.

Von Mekka aus reiste er durch die arabische Wüste nach Bagdad. Nach seiner Rückkehr war er so erschöpft, dass er sich ein Jahr erholen musste.

In den darauffolgenden Jahren bereiste er den Kontinent Afrika und besuchte die Städte Mogadischu, Mombasa und Kilwa.

Er kehrte schließlich wieder nach Mekka zurück.

1330 bis 1333 führten ihn seine Reisen in die Länder Türkei, Mongolei, Samarkant und Indien. Hier arbeitete er 8 Jahre als Hofbeamter und Richter.

Auf seiner Heimreise nach Tanger sah er die schreckliche Krankheit Pest, blieb aber von ihr verschont. Schließlich brach er im Jahre 1351 noch einmal auf. Dieses Mal ging es durch die Wüste Sahara nach Mali und er erkundete den Fluss Niger.

Name: Datum:

Ergänzung

2.3 Ibn Battuta

Hier kannst du weiterlesen:

Sachbücher

1. „Großer Atlas der Forscher und Entdecker" herausgegeben von Shona Grimbly, Orbis Verlag, 2003.
2. „Das große National Geographic Lexikon - Die 100 bedeutendsten Entdecker", National Geographic, 2003.
3. „Die größten Entdecker der Welt" von Rosemary Burton u. a., Gondrom Verlag, 2003.
4. „Die Geschichte der Entdecker" von Daniela Forni, Bertelsmann Jugendbuch Verlag, 2000.
5. „Dumonts Enzyklopädie der Seefahrer und Entdecker", DuMont Verlag, 2002.
6. „Entdecker und ihre Reisen" von Dr. Rainer Köthe, Reihe: „Was ist was", Tessloff Verlag, 2010.
7. „Entdecker" von Philip Wilkinson, Tessloff Verlag, 2003.

Erzählende Bücher

1. „Die Straßen der wilden Abenteuer, Sven Hedins gefährliche Wüstenkarawane" von Karl Rolf Seufert, Arena-Verlag, 2003.

Das kannst du noch tun:

1. Merktext

Schreibe für deine Mitschüler einen Merktext über deinen Entdecker und benutze dabei das Arbeitsblatt und einen schwarzen Fineliner.

2. Stichwortzettel

Lege für deinen Vortrag einen Stichwortzettel auf einer Karteikarte (DIN A6) an. Schreibe dazu die Überschriften des Basistextes auf und ergänze noch einige Stichwörter zu jeder Überschrift.

3. Lebenslauf

Sammle aus Lexika und anderen Büchern möglichst viele Lebensdaten des Entdeckers und gestalte mithilfe des Arbeitsblattes einen Lebenslauf.

4. Plakat

Gestalte zu deinem Entdecker ein Plakat. Benutze dazu die beiliegende Anleitung.

5. Eine Pflanze aus fernen Ländern – die Baumwolle

Die Entdecker haben neben vielen anderen Dingen auch einige Pflanzen mitgebracht. Dazu gehörten z. B. Paprika, Ananas, Mais, Kartoffeln, Tabak und Tomaten. Auch waren Pflanzen wie der Pfeffer, die Gewürznelke oder die Muskatnuss wichtige Gründe für die Suche nach neuen Handelswegen. Informiere dich über die **Baumwolle** (siehe Bildseite mit Pflanzen), die aus fernen Ländern stammt. Gestalte dazu eine kurze Information (siehe beiliegendes Arbeitsblatt „Pflanzen aus fernen Ländern").

Name: Datum:

Textseite

2.4 Christoph Kolumbus

a) Begeisterter Seefahrer

Einer der bekanntesten Entdecker ist Christoph Kolumbus (I). Er entdeckte im Jahr 1492 den amerikanischen Kontinent.

Christoph Kolumbus, der in der italienischen Hafenstadt Genua geboren wurde, war Zeit seines Lebens von der Seefahrt begeistert. Er fuhr mit 14 Jahren zum ersten Mal zur See. Auf jahrelangen Seereisen studierte er Winde und Strömungen, konnte die Geschwindigkeit eines Schiffes am Schaum vor dem Bug ablesen und beherrschte alle Regeln der Seefahrtskunst.

b) Der Seeweg nach Indien

Ziel von Kolumbus war es, einen Seeweg nach Indien zu finden. Zu dieser Zeit gab es einen lebhaften Handel mit kostbaren Gewürzen aus dem Fernen Osten nach Europa. Bei diesem Gewürzhandel konnte viel Geld verdient werden.

Bisher kannte man nur den beschwerlichen und langen Weg über Land in den Fernen Osten. Mehr und mehr wurden die Waren auch per Schiff transportiert. Dann musste man sie zunächst von den Gewürzinseln an die Küste von Malaya transportieren, anschließend an die indische Westküste. Dann ging es durch das Rote Meer bis nach Ägypten. Hier mussten die Waren auf dem Landweg bis zum Mittelmeer gebracht und anschließend mit dem Schiff nach Mitteleuropa transportiert werden. An jedem Umschlagplatz wurden die Waren teurer.

c) Unterstützung vom spanischen Königshaus

Kolumbus war sich ganz sicher, dass die Erde eine Kugel ist und man nach Westen über den Atlantik segelnd in den Osten, also nach Indien, gelangt. Jahrelang bemühte er sich am spanischen und portugiesischen Königshaus um Interesse an seinem Vorhaben.

Dann endlich im Jahr 1492 bekam er von dem spanischen Königspaar die nötige Unterstützung, um drei Schiffe mit etwa 120 Mann Besatzung auszurüsten. In einem Vertrag wurde Kolumbus die Admiralswürde übertragen. Außerdem sollte er Vizekönig aller neu entdeckten Länder werden und ein Zehntel aller Schätze und Einnahmen dieser Länder erhalten.

d) Die Fahrt über den Atlantik

Am 3. August des Jahres 1492 stach Christoph Kolumbus mit drei Schiffen in See: die „Santa Maria", die „Nina" und die „Pinta". Er fuhr zunächst Richtung Südwesten und erreichte am 9. August die Kanarischen Inseln. Von hier ging es dann westwärts über den Atlantik in völlig ungewisse Weiten (III).

Etwa die Hälfte der Besatzung bestand aus Sträflingen, die in Gefängnissen gesessen hatten. Man hatte ihnen die Freiheit versprochen, wenn sie als Matrosen mit Kolumbus fahren würden. Viele hatten aber Angst, dass sie doch nicht auf Land stoßen und untergehen würden. Kolumbus führte zwei Logbücher. In dem einen, das er verborgen hielt, trug er die wirklich zurückgelegte Entfernung ein, in dem anderen, offenen eine kürzere Strecke. So wollte er seine Mannschaft beruhigen. Nach vielen Tagen ungewisser Fahrt begannen einige Matrosen, unruhig zu werden. Der Kapitän hatte Mühe, sie zu beruhigen.

Nach 36 Tagen Überfahrt, auf der sie nichts als Wasser gesehen hatten, rief der Mann im Ausguck am 12. Oktober: „Land in Sicht!" Sie erreichten die Insel Guanahani in der Karibik (II), die Kolumbus „San Salvador" (Heiliger Erlöser) taufte. Heute heißt sie Watling Island und gehört zu den Bahamas.

e) Freundlicher Empfang

Kolumbus glaubte, er habe die Ostküste Indiens erreicht und damit die Erde zur Hälfte umrundet. Tatsächlich war es nur ein Fünftel. Die Ureinwohner, auf die er traf, nannte er „Indianer", in der Vorstellung Indien erreicht zu haben. Diese begrüßten die Neuankömmlinge freundlich und glaubten, dass es die lang erwarteten Götter wären, die dort an Land kamen (II).

Name: Datum:

Textseite

Der Dorfhäuptling schickte den Seefahrern Früchte und gegrillten Fisch. Die Matrosen machten es sich in Hängematten bequem. Die Angst der Überfahrt war vergessen.

f) Die Rückkehr

Kolumbus nahm die Insel für die spanische Krone in Besitz und segelte weiter. Er hoffte, irgendwo die sagenhaften Goldschätze zu finden. Er erreichte Kuba und Haiti, das man „Hispaniola" nannte. Gold fand er nicht.

Die „Santa Maria" erlitt Schiffbruch. Aus dem Holz des Schiffes baute man auf Hispaniola eine kleine Festung. Etwa 40 Leute sollten bleiben und auf die Rückkehr von Kolumbus warten. Dieser segelte mit dem Rest der Matrosen und sieben Indianern zurück nach Spanien (III).

Hier traf Kolumbus am 15. März 1493 nach insgesamt siebeneinhalb Monaten ein und wurde mit großen Ehren vom Königspaar empfangen.

g) Die zweite Reise

Noch im gleichen Jahr brach Kolumbus mit 17 Schiffen und 1.500 Leuten zu einer zweiten Reise auf. Die Siedlung in Hispaniola sollte erweitert werden. Diesmal brauchte er nur 21 Tage für die Überfahrt.

Auf Hispaniola angekommen, musste er feststellen, dass ein Teil der zurückgelassenen Seeleute gestorben war und die anderen in heftigen Streitigkeiten lagen. Es zeigten sich schon jetzt die Schattenseiten der Entdeckungen. Die Seefahrer suchten nur nach Reichtum, es gab gewalttätige Angriffe der Spanier gegen die Indianer und die Einheimischen wurden zu hunderten versklavt.

Neun Schiffe traten am 9. Februar 1494 die Rückreise nach Spanien an und nahmen einige Indianer mit, um sie als Sklaven zu verkaufen. Kolumbus erkundete noch einige Monate die Inseln Kuba und Jamaika und kehrte im September 1494 ebenfalls nach Spanien zurück.

h) Die letzten Reisen

Das Ansehen von Kolumbus sank, weil er die von ihm selbst geweckten Erwartungen nach reichen Goldvorkommen nicht erfüllen konnte. Außerdem revoltierten die Siedler gegen ihn.

Er brach noch zu zwei weiteren Reisen, 1498 bis 1500 und 1502 bis 1504, auf (III). Krank und erschöpft starb er wenig beachtet im Jahr 1506. Bis zu seinem Tod glaubte er, Indien erreicht zu haben und wusste nicht, dass er einen anderen Kontinent entdeckt hatte.

Wenn du zu diesen Begriffen weiterforschst, erfährst du noch mehr über dein Thema: **Atlantik, Indianer, Kartoffeln, Karibik, Logbuch.**

Name: Datum:

Bildseite

2.4 Christoph Kolumbus

I. Christoph Kolumbus

II. Kolumbus landet auf der Insel Guanahanì.

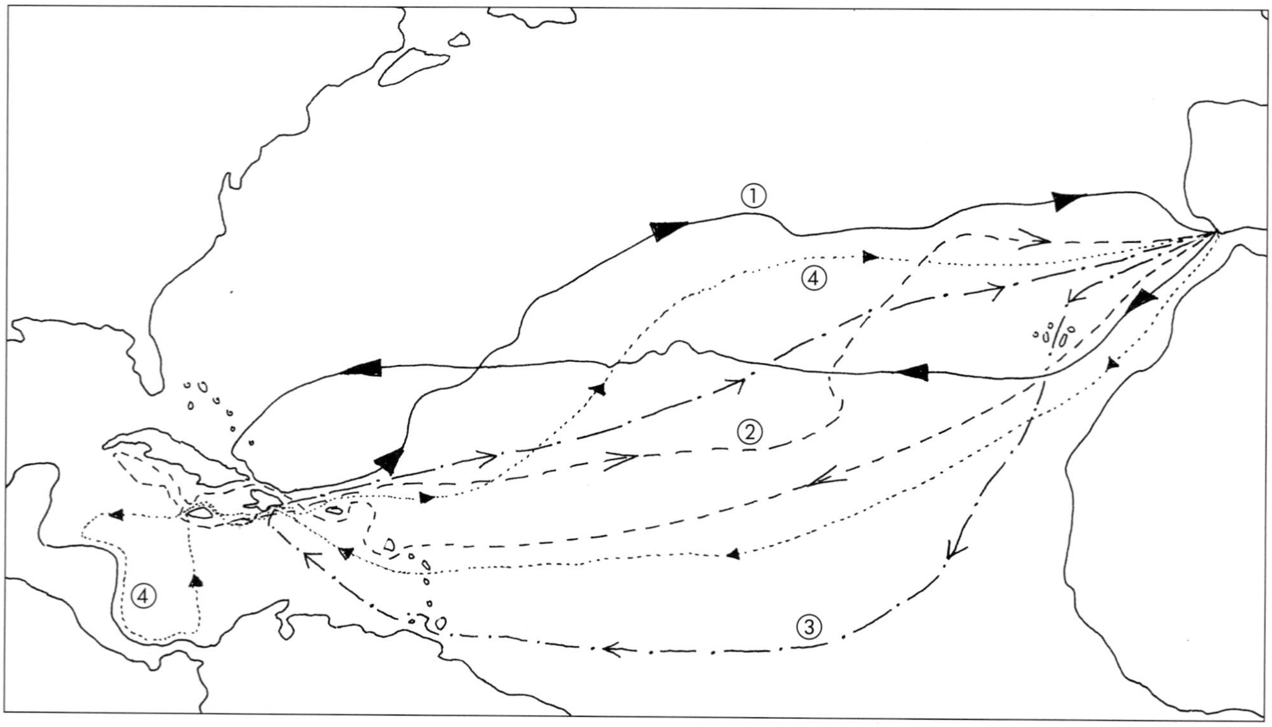

III. Reiserouten von Christoph Kolumbus

Name: Datum:

Arbeitsblatt

2.4 Christoph Kolumbus

Nach der Rückkehr von seiner Reise trat Christoph Kolumbus am 15. März 1493 vor das spanische Königspaar. Er hatte Gold, Bernstein sowie gelbe und grüne Papageien mitgebracht. Das Bild zeigt den Empfang.

Aufgabe 1:

Beschreibe das Bild. Gehe auf die gezeigten Personen, ihre Körperhaltung, Gegenstände usw. ein.

Name: Datum:

Lösung

2.4 Christoph Kolumbus

Nach der Rückkehr von seiner Reise trat Christoph Kolumbus am 15. März 1493 vor das spanische Königspaar. Er hatte Gold, Bernstein sowie gelbe und grüne Papageien mitgebracht. Das Bild zeigt den Empfang.

Aufgabe 1:

Beschreibe das Bild. Gehe auf die gezeigten Personen, ihre Körperhaltung, Gegenstände usw. ein.

Kolumbus steht vor dem spanischen Königspaar und zeigt ihm eine Perlenkette. Neben dem Königspaar sitzen einige geistliche und weltliche Würdenträger. Kolumbus hat einige Indianer mitgebracht, die wenig bekleidet, aber mit Federschmuck auf dem Kopf auf dem Boden sitzen. Wie ein Vater legt Kolumbus die linke Hand auf den Kopf eines Indianers. Vor ihm auf dem Boden liegen noch einige Pflanzen und Gegenstände (Tabakpfeifen, Waffen der Indianer usw.). Hinter den Indianern sind Tabakblätter auf dem Boden ausgebreitet. Ein Indianer steht mit einem Speer und einem Schild in der Hand.

Name: | Datum:

2.4 Christoph Kolumbus

Hier kannst du weiterlesen:

Sachbücher

1. „Großer Atlas der Forscher und Entdecker" herausgegeben von Shona Grimbly, Orbis Verlag, 2003.
2. „Das große National Geographic Lexikon – Die 100 bedeutendsten Entdecker", National Geographic, 2003.
3. „Die Geschichte der Entdecker" von Daniela Forni, Bertelsmann Jugendbuch-Verlag, 2000.
4. „Entdecker und ihre Reisen" von Dr. Rainer Köthe, Reihe: „Was ist was", Tessloff Verlag, 2010.
5. „Die großen Entdecker", 2 CDs, Moderation: Gabi Bauer, National Geographic Audio, 2003.
6. „Christoph Kolumbus – Entdecker der Neuen Welt" von Peter Chrisp, Gerstenberg Verlag, 2001.
7. „Wer war das? Abenteurer und Entdecker" von Christiane Schulz-Reiss, Loewe-Verlag, 2006.
8. „Christoph Columbus und das Wachsen der Welt" von Armin Maiwald, Arena Verlag, 2006.

Erzählende Bücher

1. „Der Sohn des Columbus" von Hans Baumann, dtv junior, 1995.
2. „1492 – das geheime Manuskript" von Peter Gissy, Omnibus-Verlag, 2006.
3. „Falscher Kurs nach Indien" von Marliese Arold, Pelikan Verlag, 1992.
4. „Jenseits des Meeres – die Freiheit" von Waldtraut Lewin, Ravensburger Verlag, 1997.
5. „Gefahr auf der Santa Maria" von Reneé Holler, Loewe Verlag, 2006.

Das kannst du noch tun:

1. Merktext

Schreibe für deine Mitschüler einen Merktext über deinen Entdecker und benutze dabei das Arbeitsblatt und einen schwarzen Fineliner.

2. Stichwortzettel

Lege für deinen Vortrag einen Stichwortzettel auf einer Karteikarte (DIN A6) an. Schreibe dazu die Überschriften des Basistextes auf und ergänze noch einige Stichwörter zu jeder Überschrift.

3. Lebenslauf

Sammle aus Lexika und anderen Büchern möglichst viele Lebensdaten des Entdeckers und gestalte mithilfe des Arbeitsblattes einen Lebenslauf.

4. Plakat

Gestalte zu deinem Entdecker ein Plakat. Benutze dazu die beiliegende Anleitung.

5. Eine Pflanze aus fernen Ländern – die Kartoffel

Die Entdecker haben neben vielen anderen Dingen auch einige Pflanzen mitgebracht. Dazu gehörten z. B. Paprika, Ananas, Mais, Kartoffeln, Tabak und Tomaten. Auch waren Pflanzen wie der Pfeffer, die Gewürznelke oder die Muskatnuss wichtige Gründe für die Suche nach neuen Handelswegen. Informiere dich über die **Kartoffel** (siehe Bildseite mit Pflanzen), die aus fernen Ländern stammt. Gestalte dazu eine kurze Information (siehe beiliegendes Arbeitsblatt „Pflanzen aus fernen Ländern").

Name: Datum:

Textseite

2.5 Bartolomeu Diaz und Vasco da Gama

a) Zwei Seewege nach Indien

Im 15. Jahrhundert waren es vor allem die Spanier und Portugiesen, die einen Seeweg von Europa nach Indien suchten. Der Handel mit teuren Gewürzen, Seide und Gold wurde auf dem Landweg durch die Türken erheblich erschwert. Zwei mögliche Fahrtrouten in den Fernen Osten boten sich an: 1. die Route nach Westen über den Atlantik und 2. die Route nach Süden um Afrika herum. Niemand wusste, wie weit der Weg um Afrika war, ob man hier auf dem Seeweg den Osten erreichte oder ob es dazwischen eine unüberwindbare Landmasse gab.

b) Die Umsegelung Südafrikas

König Johann II. beauftragte 1487 Bartolomeu Diaz (I) damit, so weit nach Süden zu segeln, bis er einen Weg nach Osten gefunden hat. Er hatte ein großes Interesse an der Erkundung des Seeweges um Afrika. Anfang August brach Diaz auf und gelangte vier Monate später bis nach Namibia.

Hier geriet er mit seinem Schiff in einen heftigen Sturm und wurde weit auf das Meer hinausgetrieben. Nach zwei Wochen erreichte er Anfang Februar 1488 an der Mosselbaai in Südafrika wieder Land. Von hier aus konnte er weiter nach Osten segeln und wusste nun, dass er den südlichsten Punkt Afrikas erreicht hatte. Er nannte die Spitze „Cabo tormentoso" (stürmisches Kap).

Viele seiner Männer waren erschöpft und litten an Skorbut, einer Mangelerkrankung, die vor allem bei Seeleuten auftrat. Es drohte eine Meuterei. Diaz konnte seine Matrosen überreden, noch einige Tage weiterzufahren. Dann musste er umdrehen.

1488 kehrte Diaz nach Portugal zurück. König Johann II. war über die Nachricht der Umsegelung der Südspitze von Afrika sehr erfreut und taufte das Kap um in „Cabo de bona Esperanza" (Kap der Guten Hoffnung).

c) Da Gama erreichte das Kap

Erst neun Jahre später, am 8. Juli 1497, machte sich ein anderer Portugiese, Vasco da Gama (II), auf, um endgültig den Seeweg um Afrika herum nach Indien zu finden. Der portugiesische König hatte sich gegen seine Berater durchgesetzt, die abrieten, über diesen Weg Indien zu erreichen. Außerdem glaubte man, dass Kolumbus inzwischen den westlichen Weg nach Fernost gefunden hatte. Feierlich wurde da Gama vom König verabschiedet (III).

So segelte da Gama mit vier Schiffen die afrikanische Küste entlang nach Süden. Er hatte 170 Seeleute an Bord und führte 20 Kanonen mit. Wegen der schlechten Windverhältnisse an der afrikanischen Küste segelte er weit westlich der Küste. Er wollte das Kap der Guten Hoffnung möglichst weit südlich umfahren. Aber er hatte sich verrechnet und traf am 8. November ungefähr 160 km nördlich des Kaps auf die afrikanische Küste.

13 Wochen hatte die Fahrt bis dahin gedauert. So lange war noch kein Europäer auf offener See geblieben. Nun musste er wegen der widrigen Windverhältnisse in ständigem Zickzack-Kurs weitersegeln, bis er am 22. November die Südspitze gefunden hatte.

d) Weiterfahrt nach Indien

Vor Mosselbaai ankerte Vasco da Gama zwei Wochen und nahm Frischwasser an Bord. Dann ging es weiter die afrikanische Ostküste entlang nach Norden. Auch auf dieser langen Reise erkrankten wieder viele Seeleute an Skorbut.

Sie erreichten Mosambik, das ein Zentrum des Handels mit Arabien und Indien war. Als der moslemische Sultan merkte, dass er es mit christlichen Portugiesen und nicht mit Muslimen zu tun hatte, verweigerte er jede Hilfe. Als da Gama den Eindruck hatte, man wollte sie daran hindern, frisches Wasser an Bord zu nehmen, ließ er mit einer Kanone auf die Soldaten des Sultans schießen. Auch ließ er zwei Lotsen entführen, die ihn nach Indien bringen sollten.

Bei der nächsten Station in Mombasa gelang den Lotsen die Flucht. Als die Bevölkerung von ihnen erfuhr,

Name: Datum:

Textseite

dass die Portugiesen einen Handelsweg nach Indien suchten, waren sie empört. Sie allein als moslemische Araber wollten den Handel mit Indien betreiben. So versuchten sie, eines der Schiffe zu kapern. Es gelang ihnen nicht und da Gama musste ohne Hilfe die weitere Route suchen.

In Malindi konnte er allerdings einen guten Lotsen für die weitere Fahrt nach Indien gewinnen. Am 20. Mai 1498 landeten sie schließlich im Hafen der Stadt Calicut an der Küste Indiens. Zum ersten Mal hatte damit ein Europäer Indien auf dem Seeweg erreicht.

e) Die Rückkehr nach Portugal

Drei Monate hielt sich da Gama in Calicut auf. Als er wieder abreiste, nahm er ein Schreiben des Herrschers der Stadt mit, das dem portugiesischen König Handelsbeziehungen in Aussicht stellte.

Wieder hatte da Gama schlechte Windverhältnisse und er brauchte drei Monate für die Rückfahrt bis Malindi. Viele seiner Männer waren inzwischen an Krankheiten gestorben. So musste er eines seiner verbliebenen drei Schiffe aufgeben.

Am 20. März 1499 erreichten sie das Kap der Guten Hoffnung. Schließlich kehrten sie Anfang September zurück nach Lissabon.

f) Da Gama festigte Portugals Einfluss

1502 unternahm Vasco da Gama eine zweite Reise nach Indien. Dieses Mal befehligte er eine Kriegsflotte von 20 Schiffen. Sein Auftrag war, Macht und Einfluss Portugals auf dieser Handelsroute zu festigen. Er unterwarf die Herrscher von Mosambik und verpflichtete sie zu Abgabenzahlungen an Portugal. Er plünderte arabische Stützpunkte und vernichtete Handelsschiffe.

Die italienischen Städte Genua, Pisa und Venedig verloren ihren Einfluss im Handel mit Fernost. Lissabon wurde zum Zentrum des Gewürzhandels und zur größten Hafenstadt Europas.

Wenn du zu diesen Begriffen weiterforschst, erfährst du noch mehr über dein Thema: **König Johann II., Skorbut, Kap der Guten Hoffnung, Gewürze: Pfeffer, Ingwer, Muskat.**

Name: Datum:

Bildseite

2.5 Bartolomeu Diaz und Vasco da Gama

I. Bartolomeu Diaz

II. Vasco da Gama

III. Vasco da Gama erhält den Segen des Königs für seine Reise.

Name: Datum:

Arbeitsblatt

2.5 Bartolomeu Diaz und Vasco da Gama

Aufgabe 1:

Beschreibe die Reisen von Bartolomeu Diaz und Vasco da Gama, indem du stichwortartig die Stationen ihrer Fahrten skizzierst.

Stationen der Reise von Bartolomeu Diaz:

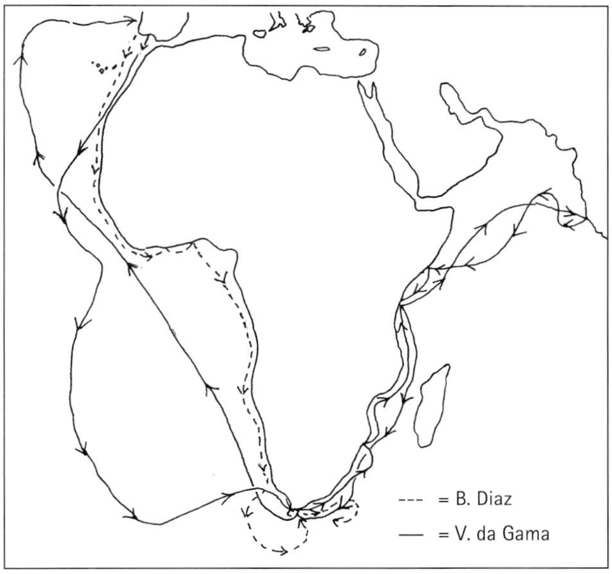

1. ______________________________

____

2. ______________________________

3. ______________________________

____

4. ______________________________

____

Stationen der Reise von Vasco da Gama:

1. ______________________________

2. ______________________________

____

3. ______________________________

____

4. ______________________________

Aufgabe 2:

Ergänze die Sätze.

Die besondere Leistung von Bartolomeu Diaz bestand darin, dass er

____

Die besondere Leistung von Vasco da Gama bestand darin, dass er

____

Name: Datum:

Lösung

2.5 Bartolomeu Diaz und Vasco da Gama

Aufgabe 1:

Beschreibe die Reisen von Bartolomeu Diaz und Vasco da Gama, indem du stichwortartig die Stationen ihrer Fahrten skizzierst.

Stationen der Reise von Bartolomeu Diaz:

1. Anfang August 1487 brach B. Diaz auf.
2. Er geriet in einen heftigen Sturm.
3. Im Februar 1488 erreichte er den südlichsten Punkt Afrikas.
4. Diaz musste umdrehen, weil eine Meuterei drohte.

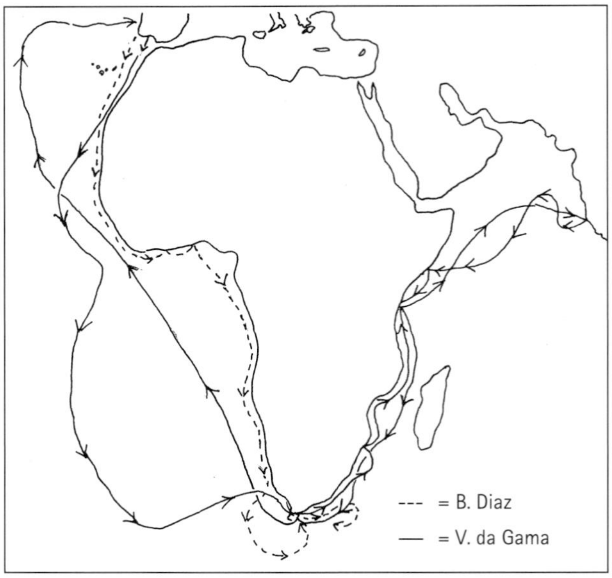

Stationen der Reise von Vasco da Gama:

1. Vasco da Gama machte sich am 8. Juli 1497 auf den Weg.
2. Er traf am 8. November 1497 auf die Küste von Afrika und erreichte im Zickzack-Kurs erst am 22. November die Südspitze Afrikas.
3. In Mosambik verweigerte der Sultan jede Hilfe. Da Gama entführte zwei Lotsen.
4. Am 20. Mai 1498 erreichte er als erster Europäer auf dem Seeweg Indien.

Aufgabe 2:

Ergänze die Sätze.

Die besondere Leistung von Bartolomeu Diaz bestand darin, dass er

den Seeweg um die Westküste Afrikas herum gefunden hat.

Die besondere Leistung von Vasco da Gama bestand darin, dass er

als erster Europäer den Seeweg nach Indien gefunden hat.

Name: | Datum:

2.5 Bartolomeu Diaz und Vasco da Gama

Hier kannst du weiterlesen:

Sachbücher

1. „Großer Atlas der Forscher und Entdecker" herausgegeben von Shona Grimbly, Orbis Verlag, 2003.
2. „Das große National Geographic Lexikon – Die 100 bedeutendsten Entdecker", National Geographic, 2003.
3. „Die größten Entdecker der Welt" von Rosemary Burton u. a., Gondrom Verlag, 2003.
4. „Dumonts Enzyklopädie der Seefahrer und Entdecker", DuMont Verlag, 2002.
5. „Entdecker und ihre Reisen" von Dr. Rainer Köthe, Reihe: „Was ist was", Tessloff Verlag, 2010.
6. „Entdecker" von Philip Wilkinson, Tessloff Verlag, 2003.
7. „Die großen Entdecker", 2 CDs, Moderation: Gabi Bauer, National Geographic Audio, 2003.

Das kannst du noch tun:

1. Merktext

Schreibe für deine Mitschüler einen Merktext über die Entdecker und benutze dabei das Arbeitsblatt und einen schwarzen Fineliner.

2. Stichwortzettel

Lege für deinen Vortrag einen Stichwortzettel auf einer Karteikarte (DIN A6) an. Schreibe dazu die Überschriften des Basistextes auf und ergänze noch einige Stichwörter zu jeder Überschrift.

3. Lebenslauf

Sammle aus Lexika und anderen Büchern möglichst viele Lebensdaten der Entdecker und gestalte mithilfe des Arbeitsblattes jeweils einen Lebenslauf.

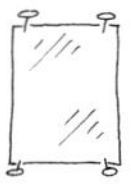

4. Plakat

Gestalte zu den Entdeckern jeweils ein Plakat. Benutze dazu die beiliegende Anleitung.

5. Eine Pflanze aus fernen Ländern – der Pfeffer

Die Entdecker haben neben vielen anderen Dingen auch einige Pflanzen mitgebracht. Dazu gehörten z.B. Paprika, Ananas, Mais, Kartoffeln, Tabak und Tomaten. Auch waren Pflanzen wie der Pfeffer, die Gewürznelke oder die Muskatnuss wichtige Gründe für die Suche nach neuen Handelswegen. Informiere dich über den **Pfeffer** (siehe Bildseite mit Pflanzen), von dem Vasco da Gama eine ganze Schiffsladung mit nach Europa brachte. Gestalte dazu eine kurze Information (siehe beiliegendes Arbeitsblatt „Pflanzen aus fernen Ländern").

Name:	Datum:

Textseite

2.6 Fernando Magellan

a) Der Plan der Weltumsegelung

Nachdem Kolumbus 1492 nach Westen aufgebrochen war und Bartolomeu Diaz (1487) und Vasco da Gama (1497) nach Osten um Afrika herum Richtung Indien gesegelt waren, machte sich 1519 erneut ein Entdecker auf den Weg: Fernando Magellan (I). Sein Ziel war, die ganze Welt zu umsegeln.

Als Fernão Magalhães arbeitete der Portugiese seit 1504 bei der portugiesischen Marine. Nach einem Streit mit dem Königshof legte er die portugiesische Staatsbürgerschaft ab und wurde 1517 Spanier. Er nannte sich nun „Fernando Magellan".

Es war inzwischen bekannt, dass hinter dem Kontinent, den Kolumbus entdeckt hatte, ein weiteres Weltmeer liegt. Man nahm an, dass man einen Seeweg um Südamerika finden könnte, über den man weiter nach Indien und zu den Gewürzinseln (die Molukken) gelangen könnte und dann weiter um Afrika herum wieder nach Europa zurück.

b) Der Aufbruch

1518 trug Magellan diesen Plan dem spanischen König Karl I. vor. Dieser stellte ihm fünf Schiffe zur Verfügung. Es waren die „Trinidad" (das Flaggschiff, auf ihm segelte Magellan), die „San Antonio", die „Conception", die „Victoria" und die „Santiago". Am 20. September 1519 stach er mit 237 Mann Besatzung in See.

Sie fuhren zunächst bis zu den Kanarischen Inseln und nahmen dort Lebensmittel und Pech an Bord. Dann ging die Fahrt weiter nach Süden, an der afrikanischen Küste entlang. Schließlich drehten sie nach Westen ab und erreichten am 13. Dezember die Bucht von Rio de Janeiro an der südamerikanischen Küste. Auf der südlichen Halbkugel war nun Hochsommer.

c) Suche nach der Durchfahrt zum Pazifik

Im breiten Mündungsgebiet des Flusses Rio de la Plata suchte Magellan im Januar 1520 die Durchfahrt zum Pazifik, bis er merkte, dass es sich hier um einen Fluss handelt. Dann fuhr die Flotte weiter nach Süden. Am 31. März erreichten sie San Julian. Magellan beschloss, den Winter dort zu verbringen.

d) Die Meuterei

Es wurde allmählich kühler, die Nahrungsmittel gingen zur Neige und es schien fragwürdig, ob es überhaupt eine Passage zum Pazifik gab. Es kam schließlich zur Meuterei auf der „Victoria", der „Conception" und der „San Antonio". Die Besatzungen verlangten eine Rückkehr nach Spanien.

Magellan beendete die Meuterei, indem er den Kommandanten der „Victoria" ermorden und vierteilen ließ. Den Kapitän der „Conception" verurteilte er zum Tode und ließ ihn hinrichten. Der Kapitän der „San Antonio", Juan de Cartagena, wurde gefangen gesetzt, anschließend an der Küste ausgesetzt und sich selbst überlassen.

e) Winter in San Julian

Die Flotte verbrachte den ganzen strengen Winter in San Julian. Die „Santiago" aber wurde losgeschickt, um weiter südlich nach einer Durchfahrt zum Pazifik zu suchen. Doch die Suche blieb erfolglos. Das Schiff strandete an der Küste und musste aufgegeben werden.

f) Durchfahrt zum Pazifik

Im Oktober stachen die vier verbliebenen Schiffe wieder in See und erreichten ein Kap, das sie „Cabo Virgenes" (Kap der Jungfrauen) nannten. Auch diese Wasserstraße sah nicht anders aus als die vielen Buchten und breiten Flussmündungen, die sie schon erkundet hatten. Bald aber stellte sich heraus, dass es dieses Mal kein Fluss, sondern eine Meerenge war. Sie hatten die Durchfahrt zum Pazifik gefunden (II).

38 Tage brauchten Magellan und seine Leute, um durch die gefährliche und enge Passage zu segeln, die später nach Magellan benannt wurde (II). Oft blies ihnen der Wind entgegen. Der Kapitän der „San Antonio" nutzte die Durchfahrt und kehrte um in Richtung Spanien. Am 28. November erreichten die

Name: Datum:

Textseite

verbliebenen drei Schiffe wieder offenes Meer, das an diesem Tag sehr ruhig vor ihnen lag. So taufte Magellan dieses Meer „Pazifischer Ozean" (Stiller Ozean).

g) Entbehrungen auf der Reise

Sie segelten zunächst nordwärts an der Küste Südamerikas entlang und dann westwärts aufs offene Meer hinaus. Die Fahrt dauerte länger als Magellan gedacht hatte. Sie trafen auf keine größere Insel, wo sie Lebensmittel und Wasser hätten an Bord nehmen können, und waren 100 Tage auf offener See.

Die Mannschaften lebten von altem Schiffszwieback, bzw. von dem, was die Ratten davon übrig gelassen hatten. Sie schnitten Lederstreifen aus der Takelage, weichten sie tagelang ein und rösteten sie, um sie anschließend zu verzehren. Aus Sägemehl fertigten sie eine Suppe. Viele Seeleute überstanden die Entbehrungen trotzdem nicht und starben an Hunger und Skorbut, einer Mangelerkrankung.

h) Der Tod Magellans

Am 6. März 1521 stießen sie endlich auf eine Inselgruppe, die wir heute Marianen-Inseln nennen. Hier kam es zum Konflikt mit den Einheimischen, aber sie konnten die lang ersehnten Lebensmittel und Frischwasser an Bord nehmen. Magellan segelte weiter zu den Philippinen. Auch hier kam es wieder zum Konflikt mit Einheimischen. Während einer Auseinandersetzung wurde Magellan getötet (III). Viele weitere Spanier kamen ums Leben und die „Concepcion" ging in Flammen auf.

i) Die Rückkehr nach Spanien

Die beiden verbliebenen Schiffe fuhren unter dem Kommando von Juan Sebastian Elcano, dem Stellvertreter Magellans, weiter zu den Gewürzinseln, den Molukken. Die „Trinidad" musste hier als reparaturbedürftig zurückgelassen werden.

Die „Victoria" wurde mit Gewürzen beladen und kehrte am 6. September 1522 mit 18 Überlebenden zurück nach Spanien. Die Ladung war so viel wert, dass sie den Verlust der vier Schiffe ersetzen konnte und noch ein Gewinn übrig blieb.

Mit dieser Reise war zum ersten Mal bewiesen worden, dass die Erde eine Kugel ist und es möglich ist, auf einem Westkurs nach Fernost zu gelangen.

Wenn du zu diesen Begriffen weiterforschst, erfährst du noch mehr über dein Thema: **Weltmeere, Molukken, Gewürznelken, Pfeffer, Meuterei, Skorbut.**

Name: Datum:

Bildseite

2.6 Fernando Magellan

I. Fernando Magellan

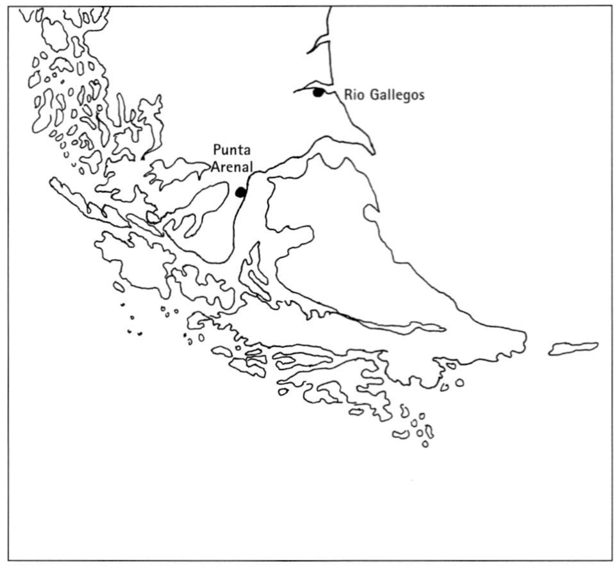

II. Die Magellanstraße

III. Der Tod von Fernando Magellan

Name: Datum:

Arbeitsblatt

2.6 Fernando Magellan

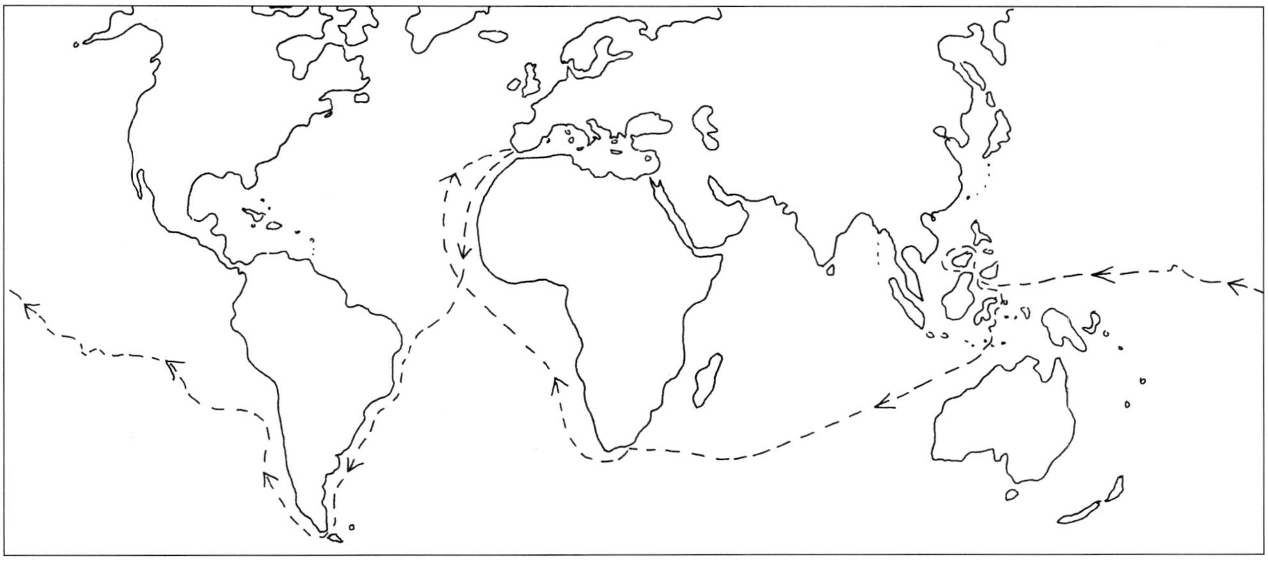

Aufgabe 1:

Schreibe die Stationen der Reise von Fernando Magellan auf und trage die Nummern der Stationen in die Karte ein.

1. ______________________________

____

2. ______________________________

____

3. ______________________________

____

4. ______________________________

____

5. ______________________________

____

6. ______________________________

____

Name: Datum:

Lösung

2.6 Fernando Magellan

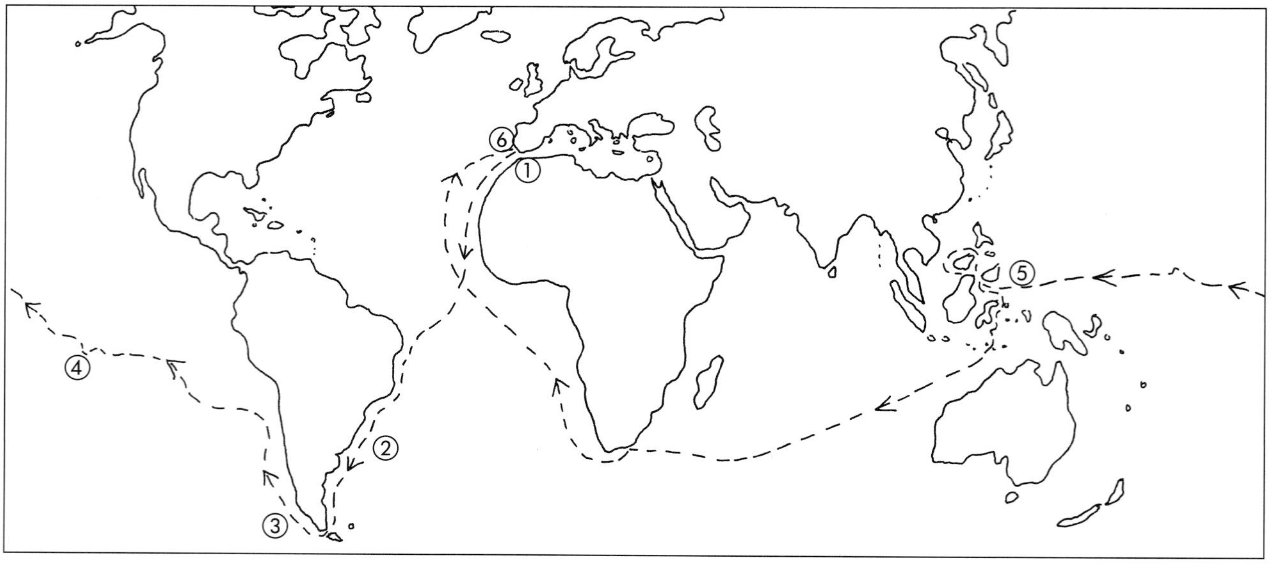

Aufgabe 1:

Schreibe die Stationen der Reise von Fernando Magellan auf und trage die Nummern der Stationen in die Karte ein.

1. Magellan stach mit fünf Schiffen und 237 Mann Besatzung am 20. September 1519 von Spanien aus in See.
2. Sie erreichten im März 1520 San Julian und überwinterten hier. Magellan schlug eine Meuterei nieder.
3. Vier Schiffe erreichten im Oktober das Kap und fanden eine Durchfahrt zum Pazifik.
4. Sie überquerten den Pazifik. Die Seeleute litten an Entbehrungen. Viele starben an Hunger und Skorbut.
5. Nach 100 Tagen auf offener See stießen sie auf Inseln. Bei einer Auseinandersetzung wurde Magellan von Einheimischen getötet.
6. Kapitän Elcano kehrte mit einem Schiff und 18 Mann Besatzung am 6. September 1522 nach Spanien zurück.

Name: Datum:

Ergänzung

2.6 Fernando Magellan

Hier kannst du weiterlesen:

Sachbücher

1. „Großer Atlas der Forscher und Entdecker" herausgegeben von Shona Grimbly, Orbis Verlag, 2003.
2. „Das große National Geographic Lexikon – Die 100 bedeutendsten Entdecker", National Geographic, 2003.
3. „Die größten Entdecker der Welt" von Rosemary Burton u. a., Gondrom Verlag, 2003.
4. „Die Geschichte der Entdecker" von Daniela Forni, Bertelsmann Jugendbuch Verlag, 2000.
5. „Dumonts Enzyklopädie der Seefahrer und Entdecker", DuMont Verlag, 2002.
6. „Entdecker und ihre Reisen" von Dr. Rainer Köthe, Reihe: „Was ist was", Tessloff Verlag, 2010.
7. „Entdecker" von Philip Wilkinson, Tessloff Verlag, 2003.
8. „Die Reise des Magellan" von Richard Humble, Tessloff Verlag, 1991.
9. „Der erste Weltumsegler – die abenteuerliche Reise des Ferdinand Magellan" von Hauke Kock, Carlsen Verlag, 1996.
10. „Magellan und die Eroberung von Mittel- und Südamerika" von Colin Hynson, Ars Edition, 2001.

Erzählende Bücher

1. „Die erste Erdumrundung" von Friedrich Balcke, Möllmann Verlag, 2003.

Das kannst du noch tun:

1. Merktext

Schreibe für deine Mitschüler einen Merktext über deinen Entdecker und benutze dabei das Arbeitsblatt und einen schwarzen Fineliner.

2. Stichwortzettel

Lege für deinen Vortrag einen Stichwortzettel auf einer Karteikarte (DIN A6) an. Schreibe dazu die Überschriften des Basistextes auf und ergänze noch einige Stichwörter zu jeder Überschrift.

3. Lebenslauf

Sammle aus Lexika und anderen Büchern möglichst viele Lebensdaten des Entdeckers und gestalte mithilfe des Arbeitsblattes einen Lebenslauf.

4. Plakat

Gestalte zu deinem Entdecker ein Plakat. Benutze dazu die beiliegende Anleitung.

5. Eine Pflanze aus fernen Ländern – der Mais

Die Entdecker haben neben vielen anderen Dingen auch einige Pflanzen mitgebracht. Dazu gehörten z. B. Paprika, Ananas, Mais, Kartoffeln, Tabak und Tomaten. Auch waren Pflanzen wie der Pfeffer, die Gewürznelke oder die Muskatnuss wichtige Gründe für die Suche nach neuen Handelswegen. Informiere dich über den **Mais** (siehe Bildseite mit Pflanzen), der aus fernen Ländern stammt. Gestalte dazu eine kurze Information (siehe beiliegendes Arbeitsblatt „Pflanzen aus fernen Ländern").

Name: Datum:

Textseite

2.7 Hernando Cortés

a) Suche nach Gold

Nach der Entdeckung Amerikas durch Christoph Kolumbus machten sich immer mehr Menschen vor allem aus Spanien und Portugal auf den Weg zu dem neuen Kontinent, um dort ihr Glück zu finden. Es waren besonders die bei den Ureinwohnern vermuteten Schätze, die die Abenteurer anlockten.

Zunächst wurden von Hispaniola (Haiti) und Kuba aus die Gebiete in Mittelamerika, heute Mexiko, Guatemala, Honduras, Nicaragua und Panama, erforscht und erobert.

b) Der Eroberer Cortés

Einer der Eroberer Mittelamerikas war der Spanier Hernando Cortés (III). Er hatte sich bei der Eroberung von Kuba als Heerführer ausgezeichnet.

Der Gouverneur von Kuba schickte Cortés im Jahr 1519 mit elf Schiffen, 500 bewaffneten Männern, 16 Pferden, einigen kleinen Kanonen und 6 Kanus zur Halbinsel Yukatan (I). Bald sagte sich Cortés von seinem Gouverneur los und reiste auf eigene Faust Richtung Westen weiter. Er hatte von dem mächtigen Reich der Azteken im Inneren des Landes gehört (II). Hier sollte es riesige Schätze an Gold und Silber geben.

In der Küstenstadt Tabasco wurde er von einem Häuptling reich beschenkt (I). Er erhielt auch 20 Frauen, darunter eine Aztekin mit Namen Malintzin, die mehrere Sprachen beherrschte und sich gut im Land auskannte. Die Spanier nannten sie „Dona Marina" und sie wurde zur Dolmetscherin, Beraterin und Geliebten von Cortés.

c) Unterstützung von Indianern

Cortés segelte weiter nach Vera Cruz. Er unterwarf die dort lebenden Indianerstämme mit Gewalt oder Überredungskunst. Die Spanier waren mit ihren Waffen und Rüstungen den Ureinwohnern militärisch überlegen. Außerdem kannten die Indianer keine Pferde und hatten Angst vor ihnen.

Cortés' Ziel war aber das Aztekenreich (II). Um seinen Soldaten seine Entschlossenheit zu demonstrieren, ließ er alle Schiffe vernichten. Es sollte kein Zurück mehr geben. Da viele Indianerstämme von den Azteken hart unterdrückt wurden, schlossen sich Tausende von Kämpfern den Spaniern an.

Der Aztekenherrscher Moctezuma schickte Boten zu Cortés, um ihn mit Geschenken, darunter eine große Sonnenscheibe aus Gold und eine Mondscheibe aus Silber, dazu zu bewegen, seiner Hauptstadt fern zu bleiben. Doch solche Geschenke veranlassten die Spanier erst recht weiterzumarschieren. Unterstützt von 4.000 Indianern erreichte Cortés im November 1519 die Hauptstadt des Aztekenreiches: Tenochtitlan.

d) Die Hauptstadt der Azteken

Diese Stadt war mit etwa 200.000 Einwohnern eine der größten der damaligen Welt. Sie lag mitten in einem großen Salzsee und war über drei Dämme mit dem Festland verbunden. Es war eine prächtige Stadt mit symmetrisch angelegten Straßen, prunkvollen Palästen und Tempeln, exotischen Gärten und einem zentralen Platz für Kulthandlungen.

Von dem riesigen Marktplatz schrieb Cortés in seinen Berichten an den spanischen König: „Dort gibt es jegliche Art von Waren, Lebensmittel, Gold- und Silberschmuck, Blei, Messing, Kupfer, Zinn, Steine, Knochen, Muscheln, Schnecken und Federn. Sie verkaufen Kalk, bearbeitete und unbearbeitete Steine, Lehmziegel, verschiedene Arten von Bauholz."

Trinkwasser wurde aus den Bergen durch lange Wasserleitungen herangebracht. Auf Märkten wurden Lebensmittel, aber auch Gold und Silber, Stoffe, Seile, Töpferwaren, Bauholz, Tiere, Sklaven und vieles mehr verkauft. An der Stelle, wo die Hauptstadt der Azteken lag, befindet sich heute Mexiko-City.

e) Die Azteken

Die Azteken waren neben den Maya und Inka eine der drei großen Hochkulturen in Mittel- und Südamerika (II). Das Aztekenreich befand sich auf dem heutigen Gebiet von Mexiko. Es bestand vor allem aus drei großen Städten, die das Land beherrschten. Handel, Handwerk, Kunst und Kultur waren weit entwickelt.

Name: Datum:

Textseite

Die Azteken glaubten an mehrere Gottheiten. Auf der Spitze der höchsten Pyramide brachten sie Menschenopfer dar, sodass das Blut die Stufen hinunterfloss. Einer der bedeutenden Götter, so hieß es, werde eines Tages von Osten her über das Meer zurückkehren. So glaubten die Azteken zunächst, dass Cortés dieser zurückkehrende Gott sei.

f) Cortés erpresst Reichtümer

Als Moctezuma erkannte, dass er die Spanier nicht aufhalten konnte, zog er ihnen am 8. November 1519 entgegen, begrüßte sie vor der Stadt und führte sie hinein (IV). Cortés und seine Leute bezogen einen der Paläste. Bald darauf nahm Cortés Moctezuma gefangen, brachte die Hauptstadt unter seine Kontrolle und erpresste alles Gold und Silber sowie Edelsteine von Moctezuma.

g) Kampf zwischen den Spaniern

Sieben Monate später erfuhr Cortés, dass der Gouverneur von Kuba Velasquez 18 Schiffe mit spanischen Soldaten gegen ihn in das Aztekenreich geschickt hatte. Der Gouverneur war nicht damit einverstanden, dass sich Cortés von seinem Oberbefehl losgesagt hatte, und wollte ihn gefangen nehmen.

Cortés zog daraufhin mit einem Trupp Soldaten gegen die Spanier. Es gelang ihm, den Anführer gefangen zu nehmen und die Soldaten zu überreden, sich ihm anzuschließen. Mit dieser Verstärkung kam er zurück nach Tenochtitlan.

h) Aufruhr bei den Azteken

In Tenochtitlan war die Bevölkerung inzwischen in Aufruhr geraten. Sie folgte ihrem Herrscher nicht mehr. Als Moctezuma auf Befehl von Cortés zu seinem Volk sprechen und es beruhigen sollte, flogen Steine auf den noch vor kurzem als gottähnlich verehrten Herrscher Moctezuma. Er wurde am Kopf getroffen und starb wenige Tage später.

Angesichts dieser Situation entschloss sich Cortés, die Stadt in der Nacht vom 30. Juni 1520 zu verlassen. Unter schweren Verlusten gelang es den Spaniern, aus der Stadt zu fliehen und sich in Sicherheit zu bringen.

i) Die Zerstörung Tenochtitlans

Cortés zog mit seinen Leuten nach Vera Cruz. Hier traf er auf viele Abenteurer, die von den Schätzen der Azteken gehört hatten. Aus ihnen und vielen indianischen Kriegern formte er ein neues Heer und zog im Dezember wieder Richtung Tenochtitlan. Unterwegs eroberte er viele aztekische Städte und stand im Mai 1521 wieder vor der Hauptstadt.

Nun belagerte Cortés die Stadt 93 Tage lang und schnitt ihr die Zufuhr von Lebensmitteln und Trinkwasser ab. Die Bevölkerung litt nicht nur an Hunger und Durst, sondern auch an einer schrecklichen Krankheit: den Pocken.

Der neue König der Azteken, Cuauhtemoc, versuchte am 13. August 1521 Hilfe zu holen und wurde dabei von Cortés gefangengenommen. Danach eroberten die Spanier die Stadt Stück um Stück und zerstörten sie fast vollständig. Das Reich der Azteken war zerschlagen und wurde eine Kolonie Spaniens.

Wenn du zu diesen Begriffen weiterforschst, erfährst du noch mehr über dein Thema: **Kolonien, Azteken, Maya, Inka, El Dorado, Mexiko, Pocken.**

Name: Datum:

Bildseite

2.7 Hernando Cortés

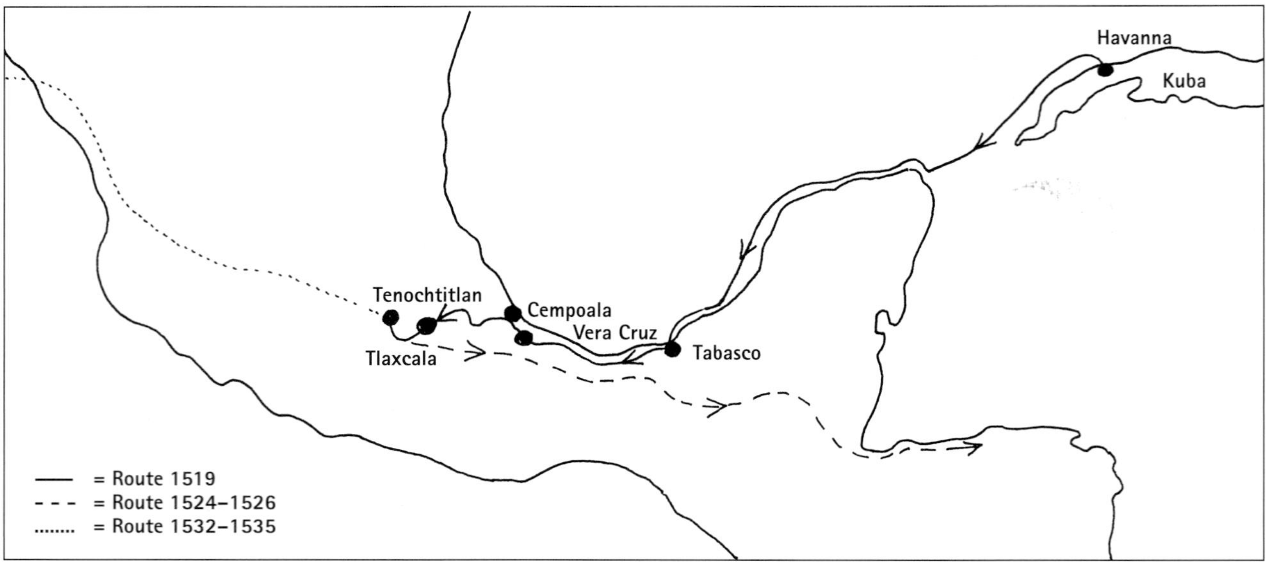

I. Marschrouten von Hernando Cortés

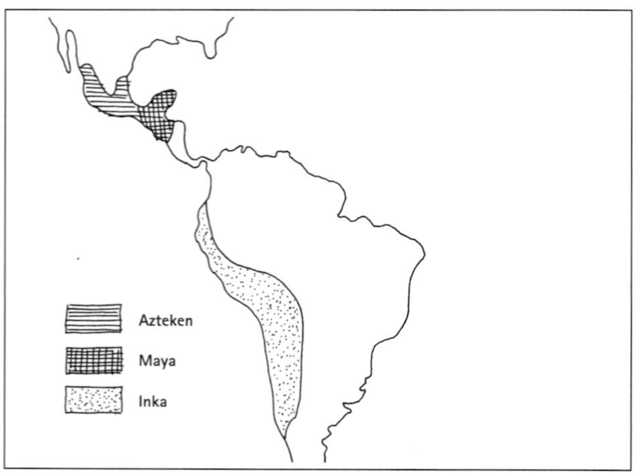

II. Indianische Hochkulturen zur Zeit der Entdeckungen

III. Hernando Cortés

IV. Hernando Cortés trifft in Tenochtitlan auf Moctezuma.

Name: Datum:

Arbeitsblatt

2.7 Hernando Cortés

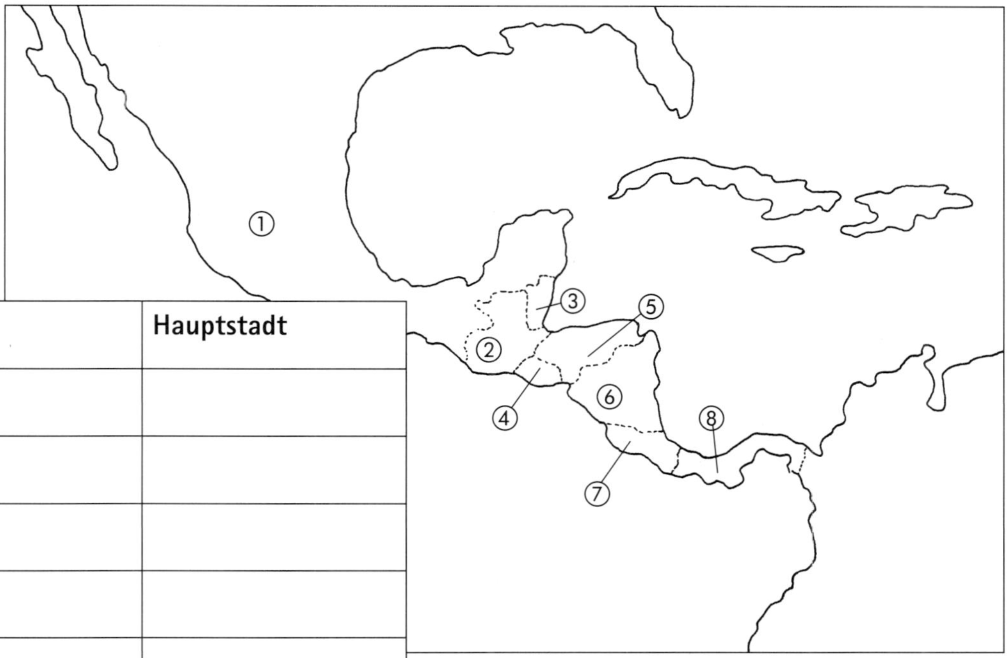

	Land	Hauptstadt
1		
2		
3		
4		
5		
6		
7		
8		

Aufgabe 1:

Trage in die Tabelle die heutigen Länder Mittelamerikas und ihre Hauptstädte ein.

Aufgabe 2:

Male in der Karte die Gebiete des Azteken- und des Mayareiches farbig ein.

Aufgabe 3:

Beschreibe die Größe und die Lage der Aztekenstadt Tenochtitlan.

Name: Datum:

Lösung

2.7 Hernando Cortés

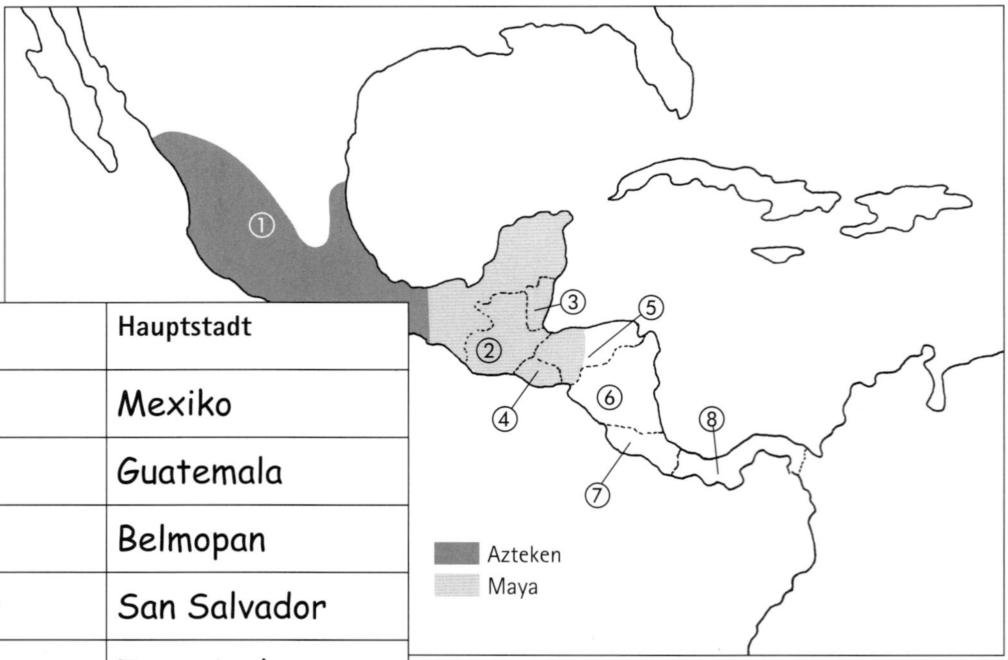

	Land	Hauptstadt
1	Mexiko	Mexiko
2	Guatemala	Guatemala
3	Belize	Belmopan
4	El Salvador	San Salvador
5	Honduras	Tegucigalpa
6	Nicaragua	Managua
7	Costa Rica	San Jose
8	Panama	Panama

Aufgabe 1:

Trage in die Tabelle die heutigen Länder Mittelamerikas und ihre Hauptstädte ein.

Aufgabe 2:

Male in der Karte die Gebiete des Azteken- und des Mayareiches farbig ein.

Aufgabe 3:

Beschreibe die Größe und die Lage der Aztekenstadt Tenochtitlan.

Tenochtitlan lag auf dem Gebiet der heutigen Stadt Mexiko-City. Die Stadt befand sich im Texcoco-See und war nur durch drei Dämme mit dem Festland verbunden. Sie hatte 200.000 Einwohner.

Name: Datum:

Ergänzung

2.7 Hernando Cortés

Hier kannst du weiterlesen:

Sachbücher

1. „Großer Atlas der Forscher und Entdecker" herausgegeben von Shona Grimbly, Orbis Verlag, 2003.
2. „Das große National Geographic Lexikon – Die 100 bedeutendsten Entdecker", National Geographic, 2003.
3. „Die größten Entdecker der Welt" von Rosemary Burton u. a., Gondrom Verlag, 2003.
4. „Die Geschichte der Entdecker" von Daniela Forni, Bertelsmann Jugendbuch-Verlag, 2000.
5. „Die großen Entdecker", 2 CDs, Moderation: Gabi Bauer, National Geographic Audio, 2003.
6. „Der Untergang des Aztekenreiches" von Richard Platt, Gerstenberg Verlag, 2000.
7. „Azteken, Inka, Maya – Alltag, Religion, Kunst" von Elizabeth Baquedano, Gerstenberg Verlag, 2003.
8. „Hernando Cortés" von Claudine Hartau, Reihe: rororo monographien, Rowohlt Verlag, 1994.
9. „Mayas, Azteken, Inkas" von Neil Morris, Tessloff Verlag, 2003.
10. „Die Aztekische Zeitung" von Philip Steele, Verlag Sauerländer, 1998.

Erzählende Bücher

1. „Das Gold der Azteken" von Federica de Cesco, Arena Verlag, 2002.
2. „Malinche – Prinzessin der Azteken" von Sylvia Schopf, Elefanten Press, 1997.

Das kannst du noch tun:

1. Merktext

Schreibe für deine Mitschüler einen Merktext über deinen Entdecker und benutze dabei das Arbeitsblatt und einen schwarzen Fineliner.

2. Stichwortzettel

Lege für deinen Vortrag einen Stichwortzettel auf einer Karteikarte (DIN A6) an. Schreibe dazu die Überschriften des Basistextes auf und ergänze noch einige Stichwörter zu jeder Überschrift.

3. Lebenslauf

Sammle aus Lexika und anderen Büchern möglichst viele Lebensdaten des Entdeckers und gestalte mithilfe des Arbeitsblattes einen Lebenslauf.

4. Plakat

Gestalte zu deinem Entdecker ein Plakat. Benutze dazu die beiliegende Anleitung.

5. Eine Pflanze aus fernen Ländern – der Kakao

Die Entdecker haben neben vielen anderen Dingen auch einige Pflanzen mitgebracht. Dazu gehörten z. B. Paprika, Ananas, Mais, Kartoffeln, Tabak und Tomaten. Auch waren Pflanzen wie der Pfeffer, die Gewürznelke oder die Muskatnuss wichtige Gründe für die Suche nach neuen Handelswegen. Informiere dich über den **Kakao** (siehe Bildseite mit Pflanzen), der aus fernen Ländern stammt. Gestalte dazu eine kurze Information (siehe beiliegendes Arbeitsblatt „Pflanzen aus fernen Ländern").

Name:

Datum:

Textseite

2.8 Francisco Pizarro

a) Als Soldat nach Südamerika

Zu den grausamsten Eroberern, die man auch Konquistadoren nennt, gehörte Francisco Pizarro (II). Er kam aus einfachen bäuerlichen Verhältnissen. Als junger Mann zog es ihn in die spanische Hafenstadt Sevilla, von wo viele Abenteurer per Schiff in die Neue Welt aufbrachen. Pizarro kam 1502 als 27-Jähriger nach Hispaniola (heute Haiti) und nahm als Soldat an verschiedenen Kriegszügen teil.

b) Erste Erkundungsreisen

1513 hörte Pizarro von den sagenhaften Goldschätzen von Biru oder Piru. Er verlegte seinen Wohnsitz nach Panama und erlangte dort ein kleines Vermögen. 1524 verbündete er sich mit Diego de Almagro, einem tapferen und rücksichtslosen Soldaten, der wie er aus einfachen Verhältnissen kam. Sie unternahmen ihre ersten Erkundungsreisen entlang der Küste im Nordwesten Südamerikas (I). Diese waren wenig erfolgreich. Zwei Drittel seiner Leute starben an Krankheiten oder bei Kämpfen mit den Indianern.

Als er von dem Gouverneur von Panama zurückberufen wurde, weigerte er sich. Stattdessen stachelte er seine Leute zu weiteren Eroberungen an. Er zog vor ihnen einen Strich in den Sand und sagte: „Kameraden und Freunde! Dies ist der Leidensweg, der nach Peru führt, um reich zu werden. Dort geht es zum Ausruhen nach Panama, zur Armut. Wählt!" Daraufhin schlossen sich ihm 13 seiner Leute an.

Sie segelten 1526 weiter bis zur Küstenstadt Tumbes. Diese gehörte zu dem mächtigen Reich der Inkas. Da sie nur sehr wenige waren, wurden die Spanier von den Einheimischen freundlich aufgenommen. Hier gab es Gold- und Silberschmieden und Tempel, die reich mit Gold verziert waren. Dies ließ erahnen, welche Schätze Pizarro und Almagro im Inneren des Inkareiches erwarten sollten.

c) Das Inkareich

Die Inka waren ein hoch entwickeltes Indianervolk, das von etwa 1200 bis 1532 ein riesiges Gebiet in Südamerika beherrschte. Ihre Hauptstadt war Cuzco im heutigen Peru (III).

Die Inka bauten Straßen, Brücken und Bewässerungskanäle. Das gesamte Straßennetz umfasste 40.000 km. Ihre Tempel waren aus gut behauenen, tonnenschweren Steinblöcken ohne Mörtel gebaut. Sie trieben Ackerbau und stellten wertvolle Textilien und Kunstgegenstände aus Ton und Metall her.

Sie kannten kein Geld, sondern mussten ein Drittel ihrer Arbeitszeit für den Herrscher, ein Drittel für Kranke und Hilfsbedürftige opfern und ein Drittel konnten sie für ihre Familien arbeiten.

d) Unterstützung des spanischen Königs

Pizarro erkannte, dass er für die Eroberung des großen Inkareiches zu wenig Soldaten hatte. So reiste er enttäuscht und verschuldet zurück nach Panama. Um sich die Unterstützung des spanischen Königs zu sichern, fuhr er schließlich nach Spanien zurück. Er konnte den König von seinen Plänen überzeugen und wurde zum Statthalter und Generalkapitän von Peru ernannt. 1530 brach er mit drei Schiffen, 27 Pferden und 180 Mann, die Almagro inzwischen organisiert hatte, nach Südamerika auf.

e) Erneuter Aufbruch

Bewaffnet mit einigen Musketen und kleinen Kanonen landete Pizarro 1532 wieder in Tumbes, als sich die beiden Söhne des verstorbenen Inka-Herrschers, Huasca und Atahualpa, um die Königsnachfolge stritten. Diesen Streit entschied Atahualpa für sich, aber das Reich war dadurch geschwächt. Dies nutzte Pizarro aus und zog im Sommer 1532 mit seinen Truppen über die gut ausgebauten Straßen des Reiches bis nach Cajamarca. In dieser Stadt, die 2.750 Meter hoch in den Anden lag, erholte sich Atahualpa mit seinen 40.000 Kriegern von den Kämpfen. Er ließ Pizarro mit seinen Soldaten ohne Gegenwehr bis in die Stadt ziehen.

Name: Datum:

Textseite

f) Unterwerfung des Inkareiches

Als Pizarro im November mit dem Inka-Herrscher zusammentraf, forderte er ihn sofort auf, sich zu unterwerfen. Atahualpa weigerte sich und die spanischen Konquistadoren eröffneten das Feuer. Die Indianer waren erschrocken beim Anblick der Pferde und von den Schusswaffen. Hunderte von Indianern wurden von den Spaniern in einem schrecklichen Blutbad niedergemetzelt, wie bald darauf auch in der Hauptstadt Cuzco. Pizarro ließ Atahualpa festnehmen. Das Inkareich war unterworfen (IV).

g) Lösegeld für Atahualpa

Der Herrscher des Inkareiches, den sein Volk auch als Gott verehrte, war besiegt und gedemütigt. Er flehte um sein Leben und versprach den Spaniern dafür reiche Goldschätze. Er wollte einen Raum von 7 × 5 m so hoch mit Gold füllen lassen, wie er mit der Hand reichen konnte. Gut zwei Meter über dem Boden zog er einen Strich an der Wand.

Aus dem ganzen Land wurden kostbare Goldschätze und Kunstwerke aus edlem Metall herbeigebracht und eingeschmolzen. Nach einigen Monaten war der Raum mit Gold gefüllt, was einem modernen Gegenwert von etwa 40 Millionen Euro entspricht.

Pizarro hatte nun das Gold, nach dem er jahrelang gestrebt hatte. An sein Versprechen hielt er sich allerdings nicht, er ließ Atahualpa unter fadenscheinigen Gründen hinrichten.

h) Pizarros Ermordung

Zu dieser Zeit stieß Almagro mit Verstärkungstruppen wieder zu Pizarro. Sie zogen weiter bis nach Cuzco, der Hauptstadt des Inkareiches. Auch diese fiel ohne nennenswerten Widerstand in die Hände der Eroberer.

Nach dem Willen des spanischen Königs sollte nun das Inkareich unter Pizarro und Almagro aufgeteilt werden. Pizarro sollte den nördlichen Landesteil, Almagro den südlichen erhalten.

Almagro marschierte mit seinen Truppen nach Süden, um sein neues Land zu erforschen, stieß aber auf keine Goldschätze. Als er nach Cuzco zurückkehrte, erfuhr er, dass die Stadt von Indianern belagert wurde. Er kam Pizarro zu Hilfe und beanspruchte anschließend die Stadt für sich. Dies führte zum Streit und zur Ermordung von Almagro. Hierfür rächten sich die Anhänger Almagros und ermordeten ihrerseits Francisco Pizarro am 26. Juni 1541.

Wenn du zu diesen Begriffen weiterforschst, erfährst du noch mehr über dein Thema: **Gold, Inka, Maya, Azteken, Peru.**

Name: Datum:

Bildseite

2.8 Francisco Pizarro

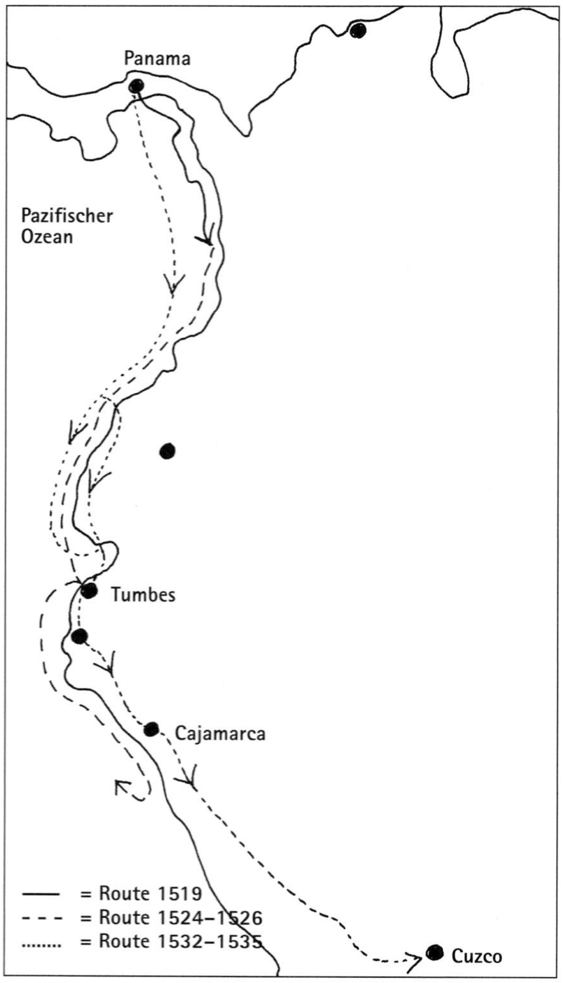

I. Marschrouten von Francisco Pizarro

II. Francisco Pizarro

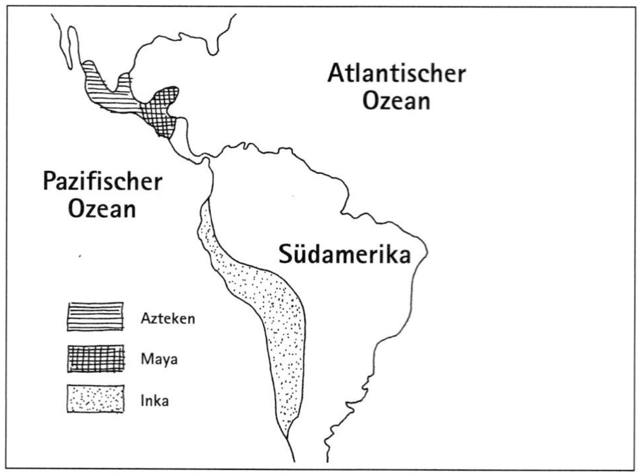

III. Indianische Hochkulturen

IV. Die Eroberung der Inkastadt Cuzco

Name: Datum:

Arbeitsblatt

2.8 Francisco Pizarro

Aufgabe 1:

Notiere in Stichpunkten die Stationen der Eroberungen Francisco Pizarros.

1. ______________________________

____

2. ______________________________

____

3. ______________________________

____

4. ______________________________

____

5. ______________________________

____

6. ______________________________

____

Aufgabe 2:

Der Herrscher des Inkareiches, Atahualpa, ließ für Pizarro einen Raum von 7 × 5 m 2 m hoch mit Gold füllen. Ergänze die Skizze mit den Maßangaben und rechne aus, wie viel Kubikmeter (m^3) das sind.

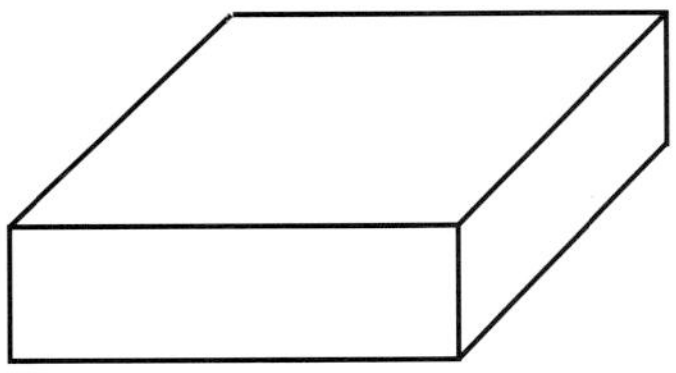

Rechnung:

____

Name: Datum:

Lösung

2.8 Francisco Pizarro

Aufgabe 1:

Notiere in Stichpunkten die Stationen der Eroberungen Francisco Pizarros.

1. Erste Entdeckungsreise Pizarros 1524, wenig erfolgreich, zwei Drittel seiner Leute starben.
2. Weiterfahrt zur Küstenstadt Tumbes, Pizarro erkannte, welche Schätze das Inkareich besaß.
3. Rückreise nach Panama und weiter nach Spanien, um Unterstützung vom König zu holen.
4. 1531 erneuter Aufbruch nach Südamerika mit drei Schiffen, 27 Pferden, 180 Mann.
5. Eroberung von Cajamarca, viele Indios wurden umgebracht, Atahualpa wurde festgenommen.
6. Der Inka-Herrscher ließ einen Raum von 7 x 5 x 2 m mit Gold füllen, wurde aber trotzdem umgebracht.

Aufgabe 2:

Der Herrscher des Inkareiches, Atahualpa, ließ für Pizarro einen Raum von 7 × 5 m 2 m hoch mit Gold füllen. Ergänze die Skizze mit den Maßangaben und rechne aus, wie viel Kubikmeter (m^3) das sind.

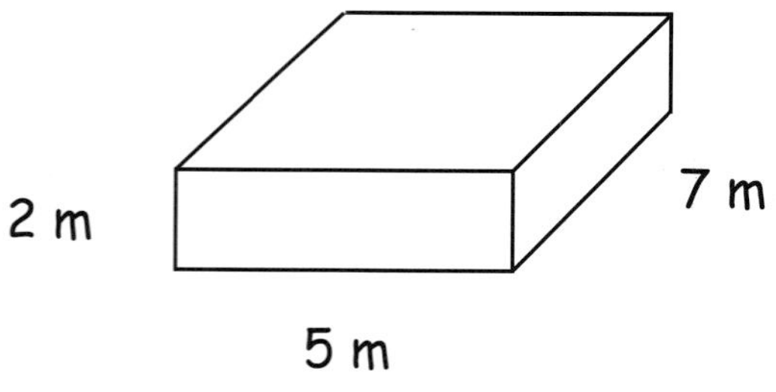

Rechnung:

$2\ m \times 5\ m \times 7\ m = 70\ m^3$

Name: Datum:

Ergänzung

2.8 Francisco Pizarro

Hier kannst du weiterlesen:

Sachbücher

1. „Großer Atlas der Forscher und Entdecker" herausgegeben von Shona Grimbly, Orbis Verlag, 2003.
2. „Das große National Geographic Lexikon – Die 100 bedeutendsten Entdecker", National Geographic, 2003.
3. „Die größten Entdecker der Welt" von Rosemary Burton u. a., Gondrom Verlag, 2003.
4. „Dumonts Enzyklopädie der Seefahrer und Entdecker", DuMont Verlag, 2002.
5. „Entdecker" von Philip Wilkinson, Tessloff Verlag, 2003.
6. „Die großen Entdecker", 2 CDs, Moderation: Gabi Bauer, National Geographic Audio, 2003.
7. „Mayas, Azteken, Inkas" von Neil Morris, Tessloff Verlag, 2003.
8. „Azteken, Inka, Maya – Alltag, Religion, Kunst" von Elizabeth Baquedano, Gerstenberg Verlag, 2003.
9. „Die Inkas" von Tim Wood, Karl Müller Verlag, 1996.

Erzählende Bücher

1. „Das Gold von Caxamalca" von Jakob Wassermann, Klett, 2008.
2. „Das Gold der Veracruz" von Boris von Smercek, Arena Verlag, 2002.

Das kannst du noch tun:

1. Merktext

Schreibe für deine Mitschüler einen Merktext über deinen Entdecker und benutze dabei das Arbeitsblatt und einen schwarzen Fineliner.

2. Stichwortzettel

Lege für deinen Vortrag einen Stichwortzettel auf einer Karteikarte (DIN A6) an. Schreibe dazu die Überschriften des Basistextes auf und ergänze noch einige Stichwörter zu jeder Überschrift.

3. Lebenslauf

Sammle aus Lexika und anderen Büchern möglichst viele Lebensdaten des Entdeckers und gestalte mithilfe des Arbeitsblattes einen Lebenslauf.

4. Plakat

Gestalte zu deinem Entdecker ein Plakat. Benutze dazu die beiliegende Anleitung.

5. Eine Pflanze aus fernen Ländern – die Ananas

Die Entdecker haben neben vielen anderen Dingen auch einige Pflanzen mitgebracht. Dazu gehörten z. B. Paprika, Ananas, Mais, Kartoffeln, Tabak und Tomaten. Auch waren Pflanzen wie der Pfeffer, die Gewürznelke oder die Muskatnuss wichtige Gründe für die Suche nach neuen Handelswegen. Informiere dich über die **Ananas** (siehe Bildseite mit Pflanzen), die aus fernen Ländern stammt. Gestalte dazu eine kurze Information (siehe beiliegendes Arbeitsblatt „Pflanzen aus fernen Ländern").

Name: Datum:

Textseite

2.9 Francis Drake

a) Ausbeutung der neu entdeckten Gebiete

Nachdem Kolumbus im Westen neue Länder entdeckt hatte, versuchten die Europäer mit aller Macht an die Schätze dieser Länder zu gelangen. Spanier und Portugiesen hatten die neue Welt untereinander aufgeteilt. Sie wollten reich werden, indem sie Gold, Silber und Edelsteine raubten oder mit Gewürzen Handel trieben.

Auch vom Sklavenhandel versprachen sie sich große Profite. Es stellte sich aber heraus, dass es schwierig war, die Indianer zu versklaven. Besser eigneten sich Afrikaner. Ein blühender Sklavenhandel zwischen Afrika und Amerika begann.

b) Die Versenkung englischer Schiffe

Die Engländer, auch eine große europäische Seefahrernation, waren an diesen einträglichen Geschäften zunächst nicht beteiligt. Einer, der das ändern wollte, war der junge Engländer Francis Drake (I). Er fuhr auf einem Schiff der Flotte seines Vetters John Hawkins mit. An der afrikanischen Küste nahmen sie Menschen gefangen, um sie in Amerika als Sklaven an die neuen Siedler zu verkaufen.

1568 wurden die sechs Schiffe des John Hawkins von 13 spanischen Schiffen im Hafen von Veracruz an der mittelamerikanischen Küste angegriffen. Vier Schiffe der Engländer wurden versenkt, Hawkins und Drake konnten mit knapper Not auf den beiden letzten Schiffen entkommen. Seit diesem Ereignis hegte Francis Drake einen tiefen Groll gegen die Spanier.

c) Überfälle an der mittelamerikanischen Küste

In den nächsten Jahren überfiel Drake kleinere spanische Handelsschiffe. Er erkundete die mittelamerikanische Küste sowie spanische Siedlungen und er freundete sich mit entlaufenen Sklaven, den Cimarrons, an, die ebenfalls Wut auf die Spanier hatten. Mit ihrer Hilfe überfiel er 1573 einen Schatztransport in Panama und kehrte als reicher Mann nach England zurück.

d) Kaperfahrt im Pazifik

England und Spanien waren damals wegen Religionsstreitigkeiten verfeindete Länder. Die englische Königin unterstützte zwar nicht offiziell die Kaperfahrten von Drake, war aber wohl heimlich erfreut über die Wunden, die er den Spaniern beibrachte.

Am 13. Dezember 1577 brach er erneut mit fünf Schiffen vom englischen Hafen Plymouth auf. Er plante, um die Südspitze von Südamerika herumzusegeln und die spanischen Handelsschiffe im Pazifik zu überfallen (Arbeitsblatt). Hier rechneten die Spanier am wenigsten mit feindlichen Angriffen.

e) Sturm um Feuerland

Zwei Schiffe verlor Drake bereits an der brasilianischen Küste. Die anderen segelten weiter bis zur Magellanstraße, der Meerenge zwischen dem Festland und der Insel Feuerland (III). Hier mussten sie 52 Tage lang einen Sturm aushalten, der sie immer wieder an die Küste von Feuerland zurückwarf. Ein Schiff ging dabei unter, ein anderes kehrte nach England zurück.

f) Reiche Beute

Mit dem letzten verbliebenen Schiff und etwa 80 Mann Besatzung segelte Drake die südamerikanische Küste nordwärts. Nach Magellan und als erstem Engländer war es ihm gelungen, Südamerika zu umsegeln.

Er überfiel mit seinen Leuten mehrere spanische Küstenorte. Sie hatten leichte Beute, weil niemand hier mit einem Angriff rechnete. Auch ein spanisches Handelsschiff wurde auf offener See gekapert (II). Sie erbeuteten tonnenweise Gold, Silber und Edelsteine.

g) Rückweg über den Pazifik

Anschließend fuhr Drake nach Norden die Westküste Nordamerikas entlang. Man glaubte damals, dass es hier eine Durchfahrt nach Osten zum Atlantik gäbe. Da er sie nicht fand, kehrte er bei Vancouver Island

Name: Datum:

Textseite

um und nahm Kurs Richtung Westen über den Pazifik (Arbeitsblatt). Durch die Magellanstraße um Südamerika herum zurückzusegeln, schien ihm wegen der Wetterverhältnisse zu riskant. Außerdem vermutete er, dass die Spanier nun diese Meerenge bewachen könnten.

Drake erreichte mit seinen Leuten die Molukken (Gewürzinseln) und sie trieben hier Handel. In der Nähe der Insel Celebes lief das Schiff auf ein Riff. Sie kamen nur frei, indem sie einen Teil der kostbaren Beute über Bord warfen. Anschließend segelten sie um das Kap der Guten Hoffnung an der Südspitze Afrikas herum nach England zurück.

h) Rückkehr als Held

Am 26. September 1580 erreichte Drake wieder seinen Heimathafen Plymouth. Von den fünf Schiffen kam nur eines am Ziel an und nur etwa ein Drittel der Seeleute hatte die fast dreijährige Fahrt überlebt.

Die Beute war von unschätzbarem Wert und Drake wurde als Held gefeiert. Man hatte bewiesen, zu welchen seefahrerischen Leistungen die Engländer fähig sind, und den Spaniern das Fürchten gelehrt.

Der spanische Botschafter verlangte von der englischen Königin die Rückgabe der Beute. Diese lehnte ab und ehrte stattdessen Drake, indem sie ihn zum Ritter schlug. Fortan nannte er sich Sir Francis Drake.

i) Seeschlacht zwischen Spanien und England

In der Folgezeit wurde Drake von der Königin zum Flottenkommandanten ernannt. Es kam immer häufiger zu kriegerischen Auseinandersetzungen zwischen England und Spanien. Die Spanier ließen die Mannschaften englischer Schiffe, die sich in spanischen Häfen befanden, festnehmen. Drake unternahm zahlreiche Kaperfahrten gegen die Spanier.

Im Sommer 1588 ließ der spanische König die größte Kriegsflotte der damaligen Zeit vor England zusammenziehen. Diese für unbesiegbar gehaltene Armada wurde in einer Seeschlacht von der englischen Flotte unter Führung von Sir Francis Drake aufgerieben, vernichtet und in die Flucht geschlagen.

Drake stand auf dem Gipfel seines Ruhmes. Mit späteren Eroberungsfahrten hatte er weniger Glück, zumal die Spanier aus ihren Niederlagen gelernt hatten.

Wenn du zu diesen Begriffen weiterforschst, erfährst du noch mehr über dein Thema: **Piraten, Korsaren, Freibeuter, Vertrag von Tordesillas, Sklavenhandel, Armada.**

Name: Datum:

Bildseite

2.9 Francis Drake

I. Francis Drake

II. Die Kaperung der Cacafuego

III. Der Raub von Francis Drakes Hut in der Nähe von Rio Plata

Name: Datum:

Arbeitsblatt

2.9 Francis Drake

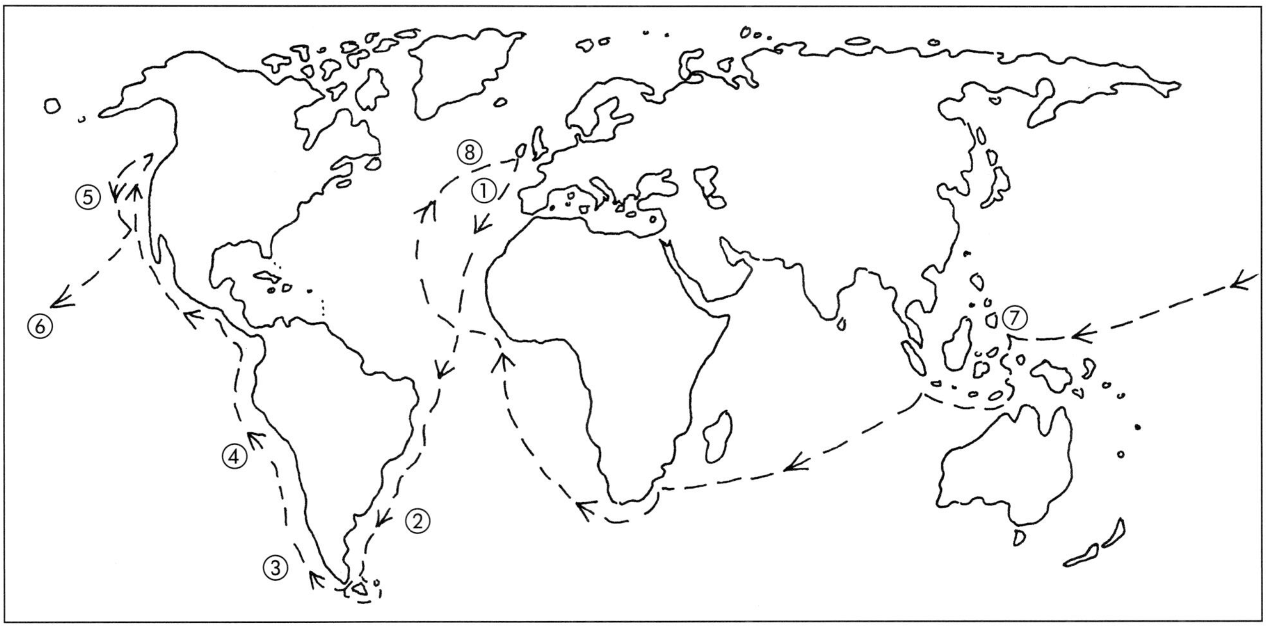

Aufgabe 1:

Schreibe die Stationen der Reise von Francis Drake auf.

1. ______________________________
____
2. ______________________________
3. ______________________________
____
4. ______________________________
____
5. ______________________________
6. ______________________________
7. ______________________________
____
8. ______________________________
____

Name: Datum:

Lösung

2.9 Francis Drake

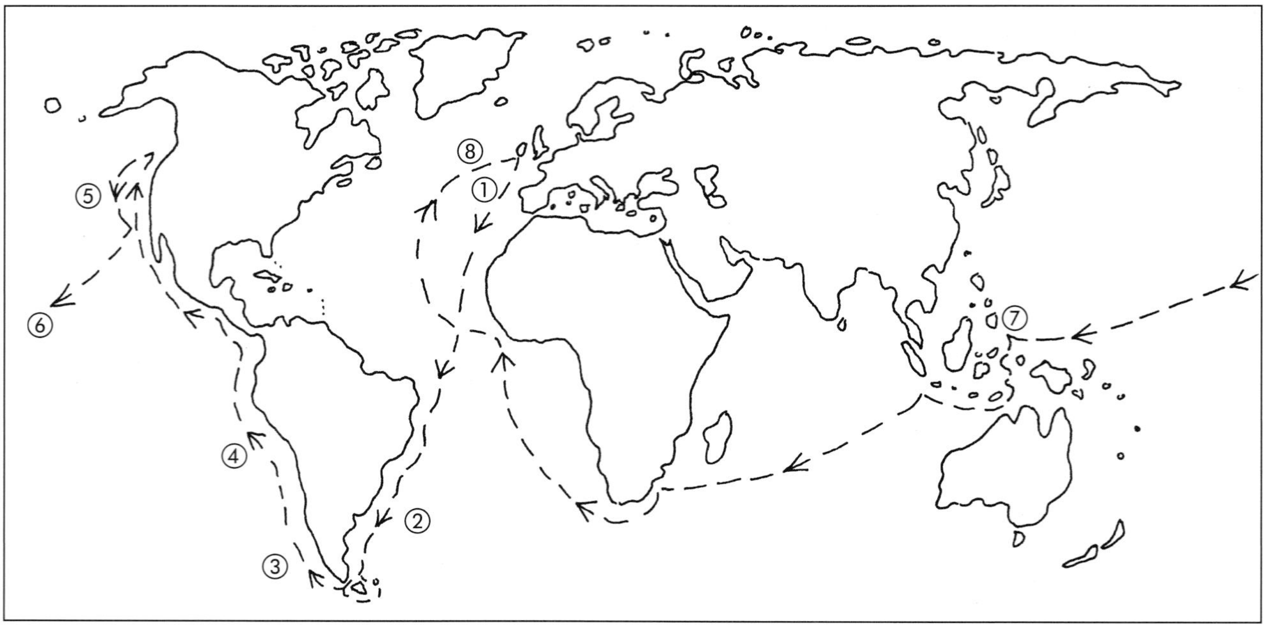

Aufgabe 1:

Schreibe die Stationen der Reise von Francis Drake auf.

1. Drake brach am 13. Dezember 1577 mit fünf Schiffen von Plymouth auf. Ziel war der Pazifik.
2. Er verlor zwei Schiffe an der brasilianischen Küste.
3. Nach 52 Tagen Sturm durchfuhr er die Magellanstraße. Ein Schiff ging unter, ein anderes kehrte nach England zurück.
4. Drake überfiel mehrere spanische Orte und ein spanisches Handelsschiff an der südamerikanischen Westküste.
5. Bei Vancouver Island suchte er eine Durchfahrt nach Osten.
6. Er segelte Richtung Westen über den pazifischen Ozean.
7. Bei der Insel Celebes lief sein Schiff auf Grund. Es kam wieder frei, weil ein Teil der kostbaren Landung ins Meer geworfen wurde.
8. Am 26. September 1580 erreichte Drake mit wertvoller Beute den Heimathafen Plymouth.

Name: Datum:

Ergänzung

2.9 Francis Drake

Hier kannst du weiterlesen:

Sachbücher

1. „Großer Atlas der Forscher und Entdecker" herausgegeben von Shona Grimbly, Orbis Verlag, 2003.
2. „Das große National Geographic Lexikon – Die 100 bedeutendsten Entdecker", National Geographic, 2003.
3. „Die größten Entdecker der Welt" von Rosemary Burton u. a., Gondrom Verlag, 2003.
4. „Die Geschichte der Entdecker" von Daniela Forni, Bertelsmann Jugendbuch Verlag, 2000.
5. „Dumonts Enzyklopädie der Seefahrer und Entdecker", DuMont Verlag, 2002.
6. „Leben und Alltag im Zeitalter der Entdeckungen" von Gisa Kirstein, BVK, 2001.

Erzählende Bücher

1. „Sir Francis Drake, Pirat der sieben Meere" von Rainer M. Schröder, Omnibus Verlag, 2004.
2. „Der Pirat der Königin" von Hauke Kock, Carlsen Verlag, 1997.
3. „Cora die Korsarin" von Kemal Kurt, Dressler Verlag, 1998.

Das kannst du noch tun:

1. Merktext

Schreibe für deine Mitschüler einen Merktext über deinen Entdecker und benutze dabei das Arbeitsblatt und einen schwarzen Fineliner.

2. Stichwortzettel

Lege für deinen Vortrag einen Stichwortzettel auf einer Karteikarte (DIN A6) an. Schreibe dazu die Überschriften des Basistextes auf und ergänze noch einige Stichwörter zu jeder Überschrift.

3. Lebenslauf

Sammle aus Lexika und anderen Büchern möglichst viele Lebensdaten des Entdeckers und gestalte mithilfe des Arbeitsblattes einen Lebenslauf.

4. Plakat

Gestalte zu deinem Entdecker ein Plakat. Benutze dazu die beiliegende Anleitung.

5. Eine Pflanze aus fernen Ländern – der Tabak

Die Entdecker haben neben vielen anderen Dingen auch einige Pflanzen mitgebracht. Dazu gehörten z. B. Paprika, Ananas, Mais, Kartoffeln, Tabak und Tomaten. Auch waren Pflanzen wie der Pfeffer, die Gewürznelke oder die Muskatnuss wichtige Gründe für die Suche nach neuen Handelswegen. Informiere dich über den **Tabak** (siehe Bildseite mit Pflanzen), der aus fernen Ländern stammt. Gestalte dazu eine kurze Information (siehe beiliegendes Arbeitsblatt „Pflanzen aus fernen Ländern").

Name: Datum:

Textseite

2.10 James Cook

a) Ein wagemutiger Entdecker

Etwa 275 Jahre nach Kolumbus machte sich einer der wagemutigsten und strebsamsten Entdecker auf den Weg, um den Pazifik, das Meer zwischen Amerika und Asien, mit seinen Inseln und Küsten genauer zu erforschen: der englische Offizier James Cook (I). Er hatte für die königliche Marine schon einige Erkundungsfahrten nach Nordamerika unternommen.

Insgesamt unternahm er zwischen 1768 und 1780 drei große Reisen. Sie brachten den Europäern wichtige Informationen über Teile der Erde, die bis dahin noch ziemlich unbekannt waren: Neuseeland, Australien, Neuguinea, Polynesien, Tahit, Antarktis usw.

b) Die erste Reise

Die erste Reise führte Cook zunächst nach Tahiti. Auf dieser Insel mitten im Pazifischen Ozean sollte er beobachten, wie der Planet Venus vor der Sonne vorbeizieht. Die Venus ist dann als kleiner Punkt vor der Sonne zu sehen. Aus dem Vergleich von Beobachtungen an verschiedenen Punkten hofften die Wissenschaftler, die Entfernung zwischen Sonne und Erde besser berechnen zu können.

Am 26. August 1768 fuhr er mit seinem Schiff vom Hafen Plymouth in Südengland los. Er nahm noch Naturforscher, Astronomen und einen Landschaftsmaler mit. Sie segelten auf südlichem Kurs an Südamerika vorbei. Sie erreichten bei Kap Hoorn die Südspitze des Kontinents und gelangten in den Pazifik. In Tahiti bauten sie ein Observatorium (Beobachtungsstation) auf. Erfolgreich konnten sie am 3. Juni 1769 beobachten, wie die Venus vor der Sonne vorbeizog.

c) Neuseeland und Australien

Nachdem er diesen Auftrag erledigt hatte, fuhr James Cook weiter nach Süden, um den vermuteten Südkontinent zu suchen. Man glaubte damals, dass es weiter im Süden noch einen weiteren Kontinent geben müsse. So erreichte er am 7. Oktober die Küste von Neuseeland. Er verzeichnete die Küstenlinie des Landes auf Karten. Dabei stellte er fest, dass Neuseeland aus zwei Inseln besteht. Die Durchfahrt zwischen den beiden Inseln wurde nach ihm benannt.

Anschließend fuhr er weiter zur Ostküste von Australien, die er am 19. April 1770 erreichte. In der Nähe des heutigen Sydney ließ er die britische Flagge hissen, erklärte das Gebiet zu britischem Herrschaftsgebiet und nannte es New South Wales. Cook und seine Begleiter sahen zum ersten Mal Kängurus und der Maler hatte alle Hände voll zu tun.

Am Großen Barriere-Riff lief das Schiff auf Grund und schlug Leck. Als sie sechs Kanonen und einige Vorräte über Bord warfen, bekamen sie das Schiff wieder frei und konnten es reparieren.

James Cook segelte über Neuguinea weiter nach Java. Hier erkrankten viele seiner Matrosen an Malaria und Ruhr. Er verlor ein Drittel seiner Mannschaft. Sie kehrten nach England zurück und kamen dort am 13. Juli 1771 an. Die Reise war ein voller Erfolg gewesen. Man hatte nun Informationen über viele damals noch unbekannte Teile des Pazifiks. Außerdem hatte Cook viele Gebiete für die englische Krone in Besitz genommen.

d) Die zweite Reise

Genau ein Jahr später brach James Cook zu seiner zweiten Reise auf. Er sollte endgültig herausfinden, ob es einen noch unbekannten Südkontinent gibt. Diesmal segelte er mit zwei Schiffen. An Bord war auch der deutsche Naturforscher Johann Reinhold Forster und sein Sohn Georg.

An Afrikas Südspitze vorbei fuhr Cook ganz weit nach Süden. Noch nie hatte sich ein Mensch so weit bis zum Packeis der Antarktis und in die Nähe der gefährlichen Eisberge vorgewagt. Dies war nicht der fruchtbare Südkontinent, wie man ihn sich vorgestellt hatte. Cook vermutete aber, dass es am Südpol eine Landmasse gibt. Tatsächlich war er nur 75 km vom antarktischen Kontinent entfernt.

Auf einer großen Rundreise durch den Pazifik segelte er anschließend zur Osterinsel, nach Tahiti, zu den Neuen Hebriden und nach Neukaledonien. Am 30. Juli 1775 kehrte er nach Portsmouth in England zurück.

Name: | Datum:

Textseite

e) Die dritte Reise

Immer noch war nicht geklärt, ob es im Norden des amerikanischen Kontinents eine Durchfahrt vom Pazifik in den Atlantik gibt. Handelsgesellschaften waren sehr daran interessiert, dies herauszufinden. Es wurde eine Belohnung von 20.000 Pfund ausgesetzt für die Entdeckung dieser Nordwestpassage. Diese Herausforderung führte zu Cooks dritter Reise.

Mit zwei Schiffen fuhr er am Kap der Guten Hoffnung um Afrika herum in den Indischen Ozean und weiter nach Tahiti. Von hier aus nahm er Kurs nach Norden und entdeckte Hawaii. Dann segelte er weiter nach Norden und kam zu den Aleuten, einer Inselkette vor Kanada. Er fuhr ins Beringmeer und weiter ins Nordpolarmeer. Wieder wurde er durch das Packeis zur Rückkehr gezwungen. Eine Durchfahrt zum Atlantik hat er nicht gefunden.

f) Cooks Tod auf Hawaii

Cook wollte den Winter 1778/79 auf Hawaii verbringen. Hier wurde er von den Einheimischen als eine Art Gott angesehen und freundlich begrüßt. Dennoch stahlen sie im Februar 1779 eines seiner Beiboote. Als sich die Engländer das Boot wieder zurückholen wollten, kam es zu kriegerischen Auseinandersetzungen. Cook wurde dabei getötet (II). Sein Stellvertreter brachte die Mannschaft zurück nach England.

g) Cooks Verdienste

Cook hatte von seinen Entdeckungen zahlreiche Landkarten angefertigt, die für die englische Marine von großem Wert waren. So hat er Neuseeland, die Ostküste Australiens, viele Inseln im Pazifik und Teile der Antarktis kartografiert und mehr über den Pazifik herausgefunden, als andere vor ihm.

Auch hatte er sich sehr um seine Seeleute gekümmert. Zur damaligen Zeit starben noch viele Seeleute an Skorbut, einer Krankheit, die auf Vitaminmangel zurückzuführen ist. Cook verabreichte seinen Matrosen Zitronensaft und Sauerkraut und verhinderte so diese Krankheit.

Wenn du zu diesen Begriffen weiterforschst, erfährst du noch mehr über dein Thema: **Riff, Neuseeland, Skorbut, Beringstraße, Hawaii, Arktis.**

Name: Datum:

Bildseite

2.10 James Cook

I. James Cook

II. Cooks Tod auf Hawaii

Name: Datum:

Arbeitsblatt

2.10 James Cook

Aufgabe 1:

Finde mithilfe eines Atlas heraus, welche Kontinente und Inseln im Pazifik liegen. Trage sie in die Liste ein.

Kontinent		Insel oder Inselgruppe			
A		1		6	
B		2		7	
C		3		8	
D		4		9	
E		5		10	

Aufgabe 2:

Ergänze den Satz.

Die besondere Leistung von James Cook bestand darin, dass er ____________________

____

____

Aufgabe 3:

Welche Krankheit trat besonders häufig bei langen Seereisen auf?

____

____

Aufgabe 4:

Wie bekämpfte James Cook diese Krankheit?

____

____

Name: Datum:

Lösung

2.10 James Cook

Aufgabe 1:

Finde mithilfe eines Atlas heraus, welche Kontinente und Inseln im Pazifik liegen. Trage sie in die Liste ein.

Kontinent		Insel oder Inselgruppe			
A	Asien	1	Aleuten	6	Neuginea
B	Nordamerika	2	Japan	7	Java
C	Mittelamerika	3	Hawaii	8	Neukaledonien
D	Südamerika	4	Philippinen	9	Tahiti
E	Australien	5	Kalimantan (Borneo)	10	Neuseeland

Aufgabe 2:

Ergänze den Satz.

Die besondere Leistung von James Cook bestand darin, dass er viele Länder, Küsten und Inseln des Pazifiks erforschte und genaue Karten zeichnete.

Aufgabe 3:

Welche Krankheit trat besonders häufig bei langen Seereisen auf?

Skorbut, eine Krankheit die auf Vitaminmangel zurückzuführen ist, trat besonders häufig auf.

Aufgabe 4:

Wie bekämpfte James Cook diese Krankheit?

Er verabreichte den Matrosen Zitronensaft und Sauerkraut. So verhinderte er, dass Mangelerscheinungen auftraten.

Name: | Datum:

Ergänzung

2.10 James Cook

Hier kannst du weiterlesen:

Sachbücher

1. „Großer Atlas der Forscher und Entdecker" herausgegeben von Shona Grimbly, Orbis Verlag, 2003.
2. „Das große National Geographic Lexikon – Die 100 bedeutendsten Entdecker", National Geographic, 2003.
3. „Die größten Entdecker der Welt" von Rosemary Burton u. a., Gondrom Verlag, 2003.
4. „Die Geschichte der Entdecker" von Daniela Forni, Bertelsmann Jugendbuch-Verlag, 2000.
5. „Entdecker und ihre Reisen" von Dr. Rainer Köthe, Reihe: „Was ist was", Tessloff Verlag, 2010.
6. „Die großen Entdecker", 2 CDs, Moderation: Gabi Bauer, National Geographic Audio, 2003.

Erzählende Bücher

1. „Young Nick und die Verschwörung auf der Endavour" von Jürgen Seidel, Beltz und Gelberg Verlag, 2002.
2. „Reise um die Welt mit Kapitän Cook" von Georg Forster, Lamuv Verlag, 2002.
3. „Der große Kapitän: die abenteuerlichen Entdeckungsfahrten des James Cook" von Kurt Lütgen, Arena-Verlag, 2003.

Das kannst du noch tun:

1. Merktext

Schreibe für deine Mitschüler einen Merktext über deinen Entdecker und benutze dabei das Arbeitsblatt und einen schwarzen Fineliner.

2. Stichwortzettel

Lege für deinen Vortrag einen Stichwortzettel auf einer Karteikarte (DIN A6) an. Schreibe dazu die Überschriften des Basistextes auf und ergänze noch einige Stichwörter zu jeder Überschrift.

3. Lebenslauf

Sammle aus Lexika und anderen Büchern möglichst viele Lebensdaten des Entdeckers und gestalte mithilfe des Arbeitsblattes einen Lebenslauf.

4. Plakat

Gestalte zu deinem Entdecker ein Plakat. Benutze dazu die beiliegende Anleitung.

5. Eine Pflanze aus fernen Ländern – der Paprika

Die Entdecker haben neben vielen anderen Dingen auch einige Pflanzen mitgebracht. Dazu gehörten z. B. Paprika, Ananas, Mais, Kartoffeln, Tabak und Tomaten. Auch waren Pflanzen wie der Pfeffer, die Gewürznelke oder die Muskatnuss wichtige Gründe für die Suche nach neuen Handelswegen. Informiere dich über den **Paprika** (siehe Bildseite mit Pflanzen), der aus fernen Ländern stammt. Gestalte dazu eine kurze Information (siehe beiliegendes Arbeitsblatt „Pflanzen aus fernen Ländern").

Name: Datum:

Textseite

2.11 Alexander von Humboldt

a) Der Naturforscher

Anders als grausame Eroberer wie Francisco Pizarro und Hernando Cortés gab es auch Entdeckungsreisende, die sich aufmachten, um Tiere, Pflanzen und geografische Bedingungen in unbekannten Ländern zu erforschen. Einer von ihnen war der Deutsche Alexander von Humboldt (I).

Alexander Freiherr von Humboldt wurde 1769 in Berlin geboren und entstammte einer wohlhabenden preußischen Adelsfamilie. Bereits früh interessierte er sich für Naturwissenschaften und Technologie, weshalb er an den Universitäten in Frankfurt an der Oder und Göttingen Naturwissenschaften studierte.

b) Das Vorbild James Cook

Hier lernte er auch Georg Forster kennen, der als botanischer Zeichner den weltbekannten Entdecker James Cook auf seiner zweiten Reise begleitet hatte. Forsters aufsehenerregender Bericht hatte nicht nur die Öffentlichkeit fasziniert. Ein Leben als Forscher zog auch den jungen Alexander von Humboldt an. Dennoch gehorchte er zunächst seiner Mutter und bereitete sich auf den höheren Staatsdienst vor. 1792 erhielt er aufgrund außergewöhnlicher akademischer Leistungen eine Position im preußischen Bergbauministerium.

c) Reise nach Südamerika

Als seine Mutter Ende 1796 starb, verzichtete Humboldt auf ein bequemes Leben und eine sichere Karriere im Staatsdienst. Er reichte seinen Abschied ein, um Forschungsreisender zu werden.

1798 gelang es ihm, zusammen mit dem französischen Botaniker Aimé Bonpland, vom spanischen König Karl IV. eine Erlaubnis zu bekommen, eine Forschungsreise nach Südamerika zu unternehmen. Die Länder Südamerikas standen damals noch unter spanischer Herrschaft und waren für Nichtspanier normalerweise nicht zugänglich. Pässe mit dem Siegel des Königs verpflichteten jedoch alle Untertanen, den Reisenden jede erdenkliche Hilfe zu gewähren.

Auf viel Hilfe konnten Bonpland und Humboldt jedoch nicht hoffen, denn als sich die beiden Forscher im Februar 1800 ins Innere Venezuelas aufmachten, stießen sie in nahezu unbekanntes Gebiet vor. Auf der Karte waren viele Bereiche noch weiße Flecken.

d) Forschungsreise ins Landesinnere Venezuelas

Außerdem war die Reise extrem gefährlich: Von einer spanischen Expedition, die 1754 mit 325 Teilnehmern in diese Region aufgebrochen war, waren nur 13 zurückgekommen. Alexander von Humboldt und Aimé Bonpland sowie ihre indianische Bootsmannschaft ließen sich davon jedoch nicht abschrecken. Auch nicht von den Milliarden von Insekten, die sie Tag und Nacht hindurch quälten, als sie auf dem Orinoco, einem riesigen Fluss in Venezuela, ins Innere Südamerikas vordrangen (II).

Sie brachen von der Hafenstadt Caracas in Venezuela auf und gelangten über einen Nebenfluss an den Orinoco und immer weiter in den Urwald Südamerikas.

Zeitweise mussten die Kanus über Land getragen werden, um Wasserfälle und gefährliche Stromschnellen zu umgehen. Giftschlangen, Fieber und Hunger bedrohten ihr Leben genauso wie Alligatoren und Jaguare. Als ihr Kanu im kilometerbreiten Strom kenterte, überlebten sie dies nur knapp.

e) Die Flusssysteme Amazonas und Orinoco

Aber trotz aller Schwierigkeiten war die Expedition ein großer Erfolg. Während der gesamten Reise sammelte und zeichnete von Humboldt: „Ich werde mit dreißig Packkisten und botanischen, astronomischen und geologischen Schätzen heimkehren und Jahre brauchen, um die Publikation meines großen Werkes vorzubereiten", schrieb er seinem Bruder Wilhelm.

Durch die grüne Hölle des Urwaldes fuhren sie auf dem Orinoco. Sie waren der Hitze, den Mücken und der Feuchtigkeit ausgesetzt. Gefährliche Jaguare wurden nachts ferngehalten, indem sie ein Feuer neben dem Lager entfachten.

Name: Datum:

Textseite

Sie machten schließlich eine wichtige Entdeckung: Seit Sir Walter Raleigh zwei Jahrhunderte vorher eine Karte gezeichnet hatte, der zufolge der Amazonas und der Orinoco parallel zueinander verliefen, hatte sich die internationale Gelehrtenwelt darüber gestritten, ob beide Flusssysteme miteinander verbunden sind. Viele Geografen fanden diese Vorstellung geradezu lächerlich. Doch von Humboldt entdeckte einen Wasserlauf, der den Amazonas über den Rio Negro mit dem Orinoco verband, den Casiquiare.

f) Die Besteigung des Chimborazo

Mit der Reise nach Venezuela war der Entdeckerdrang des Forscherduos Bonpland und von Humboldt nicht gestillt. Ausgedehnte Studienreisen führten sie auch nach Kuba. 1801 unternahmen sie eine Reise durch das Gebirge der Anden. Von der Hafenstadt Cartagena in Kolumbien reisten sie nach Süden zur Hauptstadt Bogota. Von hier ging es weiter nach Quito, der Hauptstadt Ecuadors. Etwas weiter südlich bestiegen sie den Chimborazo, der damals mit seinen 6.267 m als der höchste Berg der Welt galt. Bis auf 5.600 m stießen die Forscher vor, bevor sie aufgrund von Sauerstoffmangel umkehren mussten. Dennoch stellten sie damit einen Höhenweltrekord auf, den die Öffentlichkeit staunend zur Kenntnis nahm.

g) Forschungsergebnisse

In nur vier Jahren hatte Alexander von Humboldt während seiner Reisen 9.650 Kilometer zurückgelegt und dabei Erstaunliches für die Wissenschaft geleistet. 1804 kehrte er mit Tausenden von Pflanzen im Gepäck nach Europa zurück. Die Ergebnisse der vierjährigen Forschungsreise füllen über 30 Buchbände, die er nach und nach als wissenschaftlichen Reisebericht in französischer Sprache herausgab.

Alexander von Humboldt starb am 6. Mai 1859 als hochgeachteter Universalgelehrter. Noch heute tragen der Humboldtstrom vor Peru, der Humboldtfluss in Nevada (USA), eine Universität in Berlin und etwa acht Städte in Kanada und den USA den Namen Humboldt.

Wenn du zu diesen Begriffen weiterforschst, erfährst du noch mehr über dein Thema: **Regenwald, Südamerika, Orinoco, Amazonas, Chimborazo, Botanik, Anden.**

Name: Datum:

Bildseite

2.11 Alexander von Humboldt

I. Alexander von Humboldt

II. Alexander von Humboldt und Aimé Bonpland mit zu präparierenden Pflanzen und Tieren

Name: Datum:

2.11 Alexander von Humboldt

Aufgabe 1:

Ergänze den Satz.

Die besondere Leistung von Alexander von Humboldt bestand darin, dass er ______________________

____

____

Aufgabe 2:

Der Amazonas ist mit 6.400 km der zweitlängste und mit seinen vielen Nebenflüssen der wasserreichste Fluss der Erde. Er entsteht aus der Vereinigung des Rio Maranon und Rio Ucayali. Zeichne den Amazonas (A) und den Orinoco (O) mithilfe deines Atlas farbig nach und markiere die Verbindung zwischen den beiden Strömen über den Casiquiare und den Rio Negro (N).

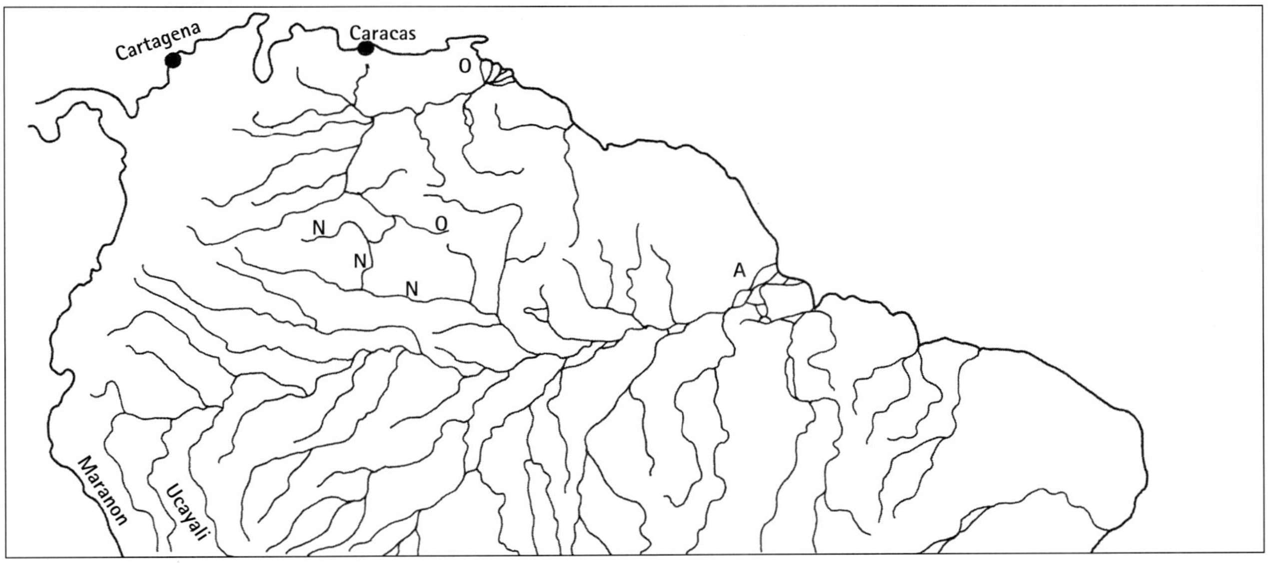

Aufgabe 3:

Finde mithilfe deines Atlas heraus, welche Länder im Norden von Südamerika liegen.

1 ____________ 2 ____________

3 ____________ 4 ____________

5 ____________ 6 ____________

7 ____________ 8 ____________

9 ____________

Name: Datum:

Lösung

2.11 Alexander von Humboldt

Aufgabe 1:

Ergänze den Satz.

Die besondere Leistung von Alexander von Humboldt bestand darin, dass er eine große Zahl von Pflanzen und Tieren des Regenwaldes erforschte und geografische Kenntnisse vom Norden Südamerikas nach Europa brachte.

Aufgabe 2:

Der Amazonas ist mit 6.400 km der zweitlängste und mit seinen vielen Nebenflüssen der wasserreichste Fluss der Erde. Er entsteht aus der Vereinigung des Rio Maranon und Rio Ucayali. Zeichne den Amazonas (A) und den Orinoco (O) mithilfe deines Atlas farbig nach und markiere die Verbindung zwischen den beiden Strömen über den Casiquiare und den Rio Negro (N).

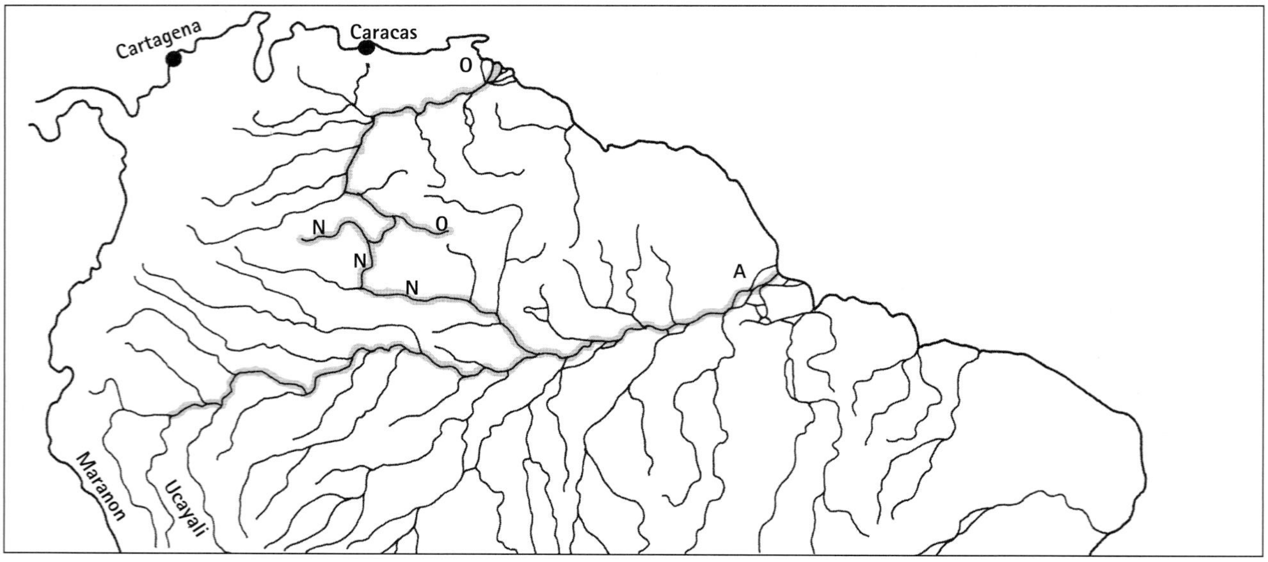

Aufgabe 3:

Finde mithilfe deines Atlas heraus, welche Länder im Norden von Südamerika liegen.

1 Venezuela
2 Kolumbien
3 Guyana
4 Suriname
5 Französisch Guyana
6 Ecuador
7 Peru
8 Brasilien
9 Bolivien

Name: Datum:

Ergänzung

2.11 Alexander von Humboldt

Hier kannst du weiterlesen:

Sachbücher

1. „Großer Atlas der Forscher und Entdecker" herausgegeben von Shona Grimbly, Orbis Verlag, 2003.
2. „Das große National Geographic Lexikon – Die 100 bedeutendsten Entdecker", National Geographic, 2003.
3. „Die größten Entdecker der Welt" von Rosemary Burton u. a., Gondrom Verlag, 2003.
4. „Dumonts Enzyklopädie der Seefahrer und Entdecker", DuMont Verlag, 2002.
5. „Entdecker und ihre Reisen" von Dr. Rainer Köthe, Reihe: „Was ist was", Tessloff Verlag, 2010.
6. „Entdecker" von Philip Wilkinson, Tessloff Verlag, 2003.
7. „Die Geschichte der Entdecker" von Daniela Forni, Bertelsmann Jugendbuch-Verlag, 2000.
8. „Wer war das? Abenteurer und Entdecker" von Christiane Schulz-Reiss, Loewe-Verlag, 2006.
9. „Die Fahrt auf dem Orinoko. Reisebericht", gelesen von Johannes Steck, 1 CD, Audiobuch, 2007.

Das kannst du noch tun:

1. Merktext

Schreibe für deine Mitschüler einen Merktext über deinen Entdecker und benutze dabei das Arbeitsblatt und einen schwarzen Fineliner.

2. Stichwortzettel

Lege für deinen Vortrag einen Stichwortzettel auf einer Karteikarte (DIN A6) an. Schreibe dazu die Überschriften des Basistextes auf und ergänze noch einige Stichwörter zu jeder Überschrift.

3. Lebenslauf

Sammle aus Lexika und anderen Büchern möglichst viele Lebensdaten des Entdeckers und gestalte mithilfe des Arbeitsblattes einen Lebenslauf.

4. Plakat

Gestalte zu deinem Entdecker ein Plakat. Benutze dazu die beiliegende Anleitung.

5. Eine Pflanze aus fernen Ländern – die Tomate

Die Entdecker haben neben vielen anderen Dingen auch einige Pflanzen mitgebracht. Dazu gehörten z.B. Paprika, Ananas, Mais, Kartoffeln, Tabak und Tomaten. Auch waren Pflanzen wie der Pfeffer, die Gewürznelke oder die Muskatnuss wichtige Gründe für die Suche nach neuen Handelswegen. Informiere dich über die **Tomate** (siehe Bildseite mit Pflanzen), die aus fernen Ländern stammt. Gestalte dazu eine kurze Information (siehe beiliegendes Arbeitsblatt „Pflanzen aus fernen Ländern").

Name: Datum:

Textseite

2.12 Heinrich Barth

a) Unerforschtes Nordafrika

Der Norden des afrikanischen Kontinents ist geprägt durch die größte Wüste der Erde: die Sahara. Dieses lebensfeindliche Gebiet war lange Zeit für den Menschen sehr uninteressant und daher bis ins 19. Jahrhundert weitgehend unbekannt und unerforscht.

Zu den bedeutendsten Forschern, die sich mit dem Norden Afrikas beschäftigten, gehörte der Deutsche Heinrich Barth (I). Er hatte Geschichte, Geografie und alte Sprachen in Berlin studiert. Besonders interessierte ihn der Mittelmeerraum.

b) Große Reise ums Mittelmeer

1845 unternahm Heinrich Barth seine erste große Reise ums Mittelmeer. Sie führte ihn von Spanien an die nordafrikanische Küste nach Marokko, Libyen und Ägypten. Er sprach fließend Englisch, Französisch, Spanisch, Italienisch und Arabisch. Sehr genau schrieb er alles auf, was er beobachtete und erlebte. An der nordafrikanischen Küste wurde er überfallen und beraubt. Seine sämtlichen Aufzeichnungen waren weg. Er schrieb sie aus dem Gedächtnis neu auf.

Sein Weg führte ihn weiter über Kleinasien (heute Türkei) und Griechenland zurück nach Deutschland.

c) Eine englische Expedition

Im Jahr 1849 beauftragte die britische Regierung den Missionar und Redakteur James Richardson, eine Expedition durch Nordafrika zu unternehmen. Ziel dieser Expedition sollte es sein, die Handelswege durch die Wüste Sahara zu erforschen. Außerdem wollte man etwas über den grausamen Sklavenhandel im Norden Afrikas herausfinden und wie man ihn bekämpfen könnte.

Auf der Suche nach Afrikaexperten stießen die Engländer auf Heinrich Barth und baten ihn, an der Expedition teilzunehmen. Dieser sagte unter der Bedingung zu, dass er verstärkt auch das Innere des nordafrikanischen Kontinents erforschen kann. Man wurde sich einig. Barth nahm als dritten Wissenschaftler den Hamburger Geologen Adolf Overweg mit.

d) Aufbruch in Tripolis

Am 25. März 1850 startete die Expedition von Tripolis aus zur Durchquerung der Sahara. Zehn Kamele wurden für den Transport des Materials und als Reittiere für Barth und Overweg gebraucht. Sie nahmen Tauschwaren und Geschenke mit, außerdem Zelte, Proviant, Medizin, Messinstrumente, Waffen und Munition. Daneben hatten sie noch ein Boot, das in zwei Teile zersägt auf dem Rücken der Kamele befestigt wurde. Damit wollten sie den Tschadsee erforschen.

e) Durch Libyen und Algerien

Ihr erstes Ziel war Mursuk, etwa 750 km südlich von Tripolis, das sie am 6. Mai erreichten. Die nächste Etappe war der Ort Ghat (26. Juli 1850) an der Grenze zu Algerien (III). Auf dem Weg dorthin wollte Barth einen Abstecher zu einem Heiligtum altertümlicher Gottesverehrung machen. Mit wenig Proviant marschierte er durch die sengende Hitze. Er hatte die Entfernung unterschätzt. Am Ende des Tages war er völlig erschöpft. Ohne Schlaf überstand er die Nacht, der Durst quälte ihn so sehr, dass er sogar von seinem eigenen Blut trank. Schließlich fanden ihn seine Begleiter und retteten ihn.

Heinrich Barth machte immer wieder Notizen auf seiner Reise. Er erforschte das Land, die Bodenbeschaffenheit, die Menschen und ihre Lebensgewohnheiten. Im Gebirge Tassili der Adjer untersuchte er 5.000 Jahre alte Felszeichnungen.

Der Weg führte ihn durch Sand- und Steinwüsten, durch Gebirge und riesige Ebenen. Die Expedition wurde überfallen und bedroht. Sie konnten ihre Weiterreise aber mit Tauschwaren erkaufen.

f) Vom Aïr-Gebirge nach Kano

Von Tintellust (3.9.1850) am Aïr-Gebirge machten sie einen Abstecher nach Agadez (10.10.1850). Diese früher bedeutende Handelsstadt lag im Übergangsgebiet zwischen Wüste und feuchterer Baumlandschaft (Sahel-Zone genannt). Zurück nach Tintellust (12.12.1850) zog die Karawane weiter über Taghelei (7.1.1851) und Katsina (25.1.51) nach Kano (2.2.51).

Name: Datum:

Textseite

In Taghelei trennte sich die Gruppe von Richardson, der den direkten Weg zum Tschadsee nehmen wollte. Er starb aber auf dem Weg dorthin an einem tropischen Fieber. Barth übernahm die Führung der englischen Expedition.

g) Der Tschadsee

Am 2. April 1851 erreichte Heinrich Barth den Ort Kuka am Tschadsee, die Residenz des Scheichs Omar. Zusammen mit Overweg erforschte er das Gebiet um den Tschadsee, machte viele Aufzeichnungen und erstellte Landkarten.

Vom Tschadsee aus reiste er weiter nach Süden und entdeckte im Juni 1851 bei dem Ort Yola den Benuë, einen Nebenfluss des Niger. Er reiste wieder nach Kuka am Tschadsee zurück, wo er am 1. Februar 1852 ankam. Dort traf er wieder seinen Kollegen Adolf Overweg. Dieser erkrankte aber an Malaria und starb ebenfalls. Nun war Barth auf sich allein gestellt.

h) Der Weg nach Timbuktu

Aber er wollte noch weiter. Seine Neugier trieb ihn nach Timbuktu, einer bedeutenden Handelsstadt in der Nähe des Niger. Zunächst führte ihn sein Weg über Sokoto (April 1853) nach Say. Hier stieß er am 20. Juni 1853 etwas südlich der heutigen Hauptstadt von Niger Niamey auf den mächtigen Strom Niger. Er überquerte den Niger und erreichte auf direktem Weg am 7. September 1853 Timbuktu (II).

Hier blieb er ein halbes Jahr, sammelte völkerkundliches und geschichtliches Material, studierte die Sprache und schrieb sehr viel auf.

i) Die Rückreise

Zu seiner Rückreise brach Heinrich Barth am 8. April 1854 auf. Er kam wieder nach Kuka am Tschadsee. Von hier aus durchquerte er die Sahara ein zweites Mal und kam völlig erschöpft am 27. August 1855 wieder in Trioplis an.

Seine Verdienste bestanden darin, dass er nach mehr als fünfjähriger Forschungsreise umfangreiche Informationen über Nordafrika, seine Landschaft und seine Menschen zusammengetragen hatte. Viele weiße Flecken auf der Landkarte Afrikas hatte er gefüllt. Er schrieb alles in fünf Buchbänden nieder, die zu den wichtigsten Quellen der europäischen Afrikaforschung wurden.

Wenn du zu diesen Begriffen weiterforschst, erfährst du noch mehr über dein Thema: **Sahara, Sahel, Tschadsee, Overweg, Richardson, Niger, Tombouctou oder Timbuktu.**

Name: Datum:

Bildseite

2.12 Heinrich Barth

I. Heinrich Barth

II. Einzug in Timbuktu

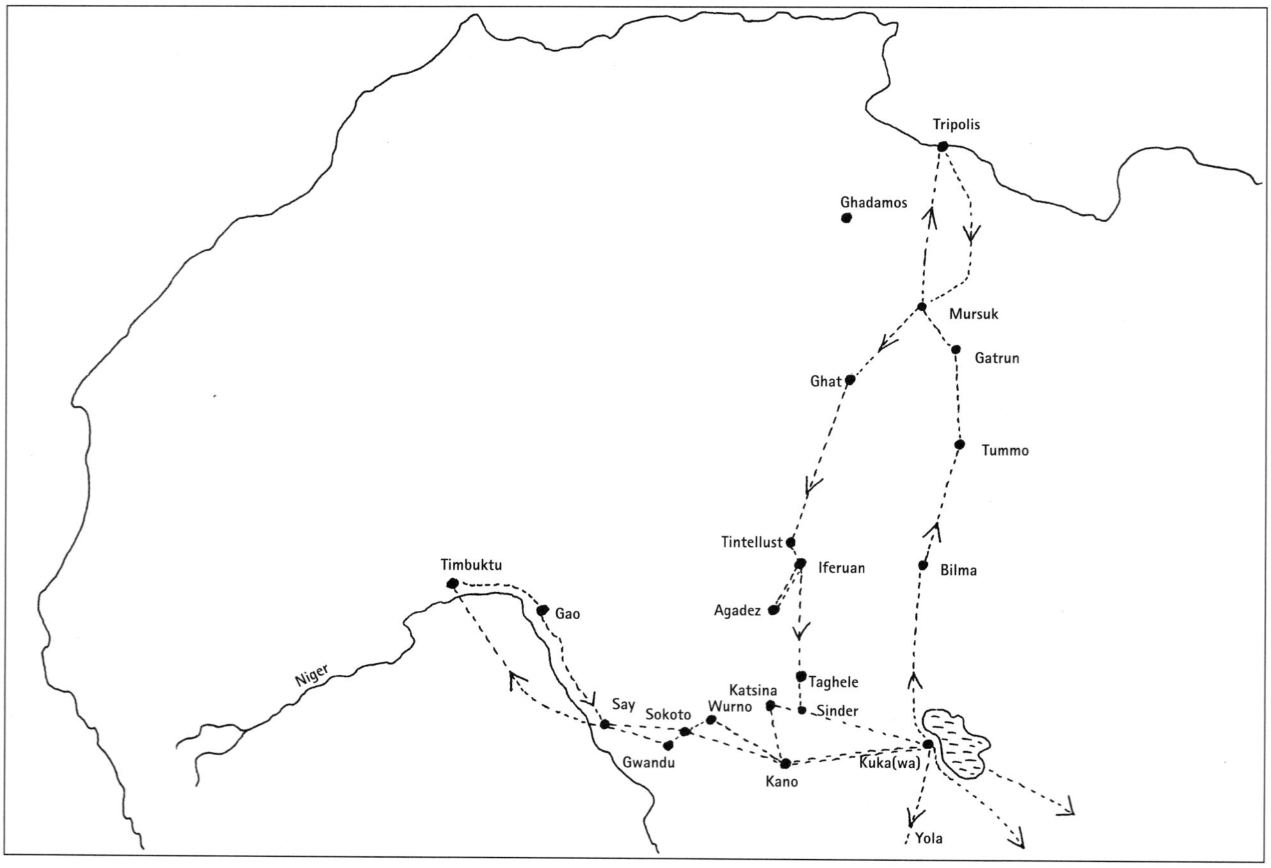

III. Reiseroute durch Afrika von 1849 bis 1855

Name: Datum:

Arbeitsblatt

2.12 Heinrich Barth

Aufgabe 1:

Ergänze den Satz.

Die besondere Leistung von Heinrich Barth bestand darin, dass er ______________________________

____

____

Aufgabe 2:

Schreibe die Reiseetappen von Heinrich Barth bis nach Timbuktu auf und notiere, wann er dort ankam. Ergänze mithilfe deines Atlas, in welchem Land die Orte heute liegen.

Ort	Land	Datum

Name: Datum:

Lösung

2.12 Heinrich Barth

Aufgabe 1:

Ergänze den Satz.

Die besondere Leistung von Heinrich Barth bestand darin, dass er weite Teile Nord- und Zentralafrikas erforschte, die Karte Afrikas vervollständigte und viele Informationen über den Kontinent zusammentrug.

Aufgabe 2:

Schreibe die Reiseetappen von Heinrich Barth bis nach Timbuktu auf und notiere, wann er dort ankam. Ergänze mithilfe deines Atlas, in welchem Land die Orte heute liegen.

Ort	Land	Datum
Tripolis	Libyen	25.03.1850
Mursuk	Libyen	06.05.1850
Gath	Libyen	26.07.1850
Tintellust	Niger	03.09.1850
Agadez	Niger	10.10.1850
Taghelei	Niger	07.01.1851
Katsina	Nigeria	25.01.1851
Kano	Nigeria	02.02.1851
Kuka	Nigeria	02.04.1851
Yola	Nigeria	Juni 1851
Kuka	Nigeria	01.02.1852
Sokoto	Nigeria	April 1853
Say	Niger	20.06.1853
Timbuktu	Mali	07.09.1853

Name: Datum:

Ergänzung

2.12 Heinrich Barth

Hier kannst du weiterlesen:

Sachbücher

1. „Großer Atlas der Forscher und Entdecker" herausgegeben von Shona Grimbly, Orbis Verlag, 2003.
2. „Das große National Geographic Lexikon – Die 100 bedeutendsten Entdecker", National Geographic, 2003.
3. „Entdecker" von Philip Wilkinson, Tessloff Verlag, 2003.
4. „Die großen Entdecker", 2 CDs, Moderation: Gabi Bauer, National Geographic Audio, 2003.
5. „Im Sattel durch Nord- und Zentralafrika, 1849–1855" von Heinrich Barth, Edition Erdmann, 2000.

Das kannst du noch tun:

1. Merktext

Schreibe für deine Mitschüler einen Merktext über deinen Entdecker und benutze dabei das Arbeitsblatt und einen schwarzen Fineliner.

2. Stichwortzettel

Lege für deinen Vortrag einen Stichwortzettel auf einer Karteikarte (DIN A6) an. Schreibe dazu die Überschriften des Basistextes auf und ergänze noch einige Stichwörter zu jeder Überschrift.

3. Lebenslauf

Sammle aus Lexika und anderen Büchern möglichst viele Lebensdaten des Entdeckers und gestalte mithilfe des Arbeitsblattes einen Lebenslauf.

4. Plakat

Gestalte zu deinem Entdecker ein Plakat. Benutze dazu die beiliegende Anleitung.

5. Eine Pflanze aus fernen Ländern – die Muskatnuss

Die Entdecker haben neben vielen anderen Dingen auch einige Pflanzen mitgebracht. Dazu gehörten z. B. Paprika, Ananas, Mais, Kartoffeln, Tabak und Tomaten. Auch waren Pflanzen wie der Pfeffer, die Gewürznelke oder die Muskatnuss wichtige Gründe für die Suche nach neuen Handelswegen. Informiere dich über die **Muskatnuss** (siehe Bildseite mit Pflanzen), die aus fernen Ländern stammt. Gestalte dazu eine kurze Information (siehe beiliegendes Arbeitsblatt „Pflanzen aus fernen Ländern").

Name: Datum:

Textseite

2.13 David Livingstone und Henry M. Stanley

a) Unentdecktes Zentralafrika

Im 15. Jahrhundert waren es Seefahrer wie Bartolomeu Diaz oder Vasco da Gama, die den Seeweg um Afrika herum nach Indien suchten. Dabei orientierten sie sich an der West- und Ostküste dieses Kontinents. Das Innere Afrikas südlich der großen Wüste Sahara blieb den Europäern aber noch lange Zeit verborgen.

Erst etwa 350 Jahre nach der ersten Umsegelung Afrikas begannen die Europäer das Innere dieses Kontinents zu erforschen. Darum bemühte sich vor allem der schottische Arzt und Missionar David Livingstone (I).

b) Durch den Süden Afrikas

Livingstone unternahm zwischen 1853 und 1873 ausgedehnte Forschungsreisen durch das südliche Afrika. Er war davon besessen, das Innere dieses Kontinents zu erforschen und die Quellen des Nils zu finden. Er machte sehr genaue Aufzeichnungen von seinen Reisen, die in Europa mit Spannung und Interesse aufgenommen wurden.

Zunächst aber ging Livingstone als Missionar nach Kuruman. Von 1841 bis 1849 predigte er das Wort Gottes, um die Ureinwohner zum Christentum zu bekehren. Auch setzte er sich für die Abschaffung der Sklaverei ein.

c) Reise durch die Kalahari-Wüste

Bald aber merkte er, dass er sich mehr zum Entdecker berufen fühlte. Er unternahm eine erste Reise durch die Kalahari-Wüste und entdeckte den Ngamisee.

Eine zweite Reise führte ihn nach Norden über Linyanti nach Sesheke. Hier sah er als erster Europäer den Sambesi. Von diesem riesigen Strom war bisher nur die Mündung bekannt. Über seinen Verlauf wusste man wenig. Vielleicht eignete er sich als Handelsroute, sodass man von Osten her das Landesinnere erreichen konnte.

d) Expedition quer durch Afrika

1853 startete Livingstone seine erste große Expedition. Als erster Europäer durchquerte er den südlichen Teil Afrikas zunächst von Sesheke bis zur Westküste, dann bis zur Ostküste. Er legte dabei 6.500 km zurück. Für dieses Unternehmen hatte er nur eine kleine Gruppe von 27 Trägern bei sich.

Zunächst ging es mit Kanus den Sambesi aufwärts, dann über Land bis nach Luanda an der Westküste. Hier kam er an Malaria erkrankt völlig erschöpft an.

Im September 1854, nachdem er sich erholt hatte, reiste er wieder zurück. Fast ein Jahr dauerte es, bis er wieder in Sesheke war. Von dort brach er dann im November 1855 mit 100 Trägern nach Osten auf. Den Sambesi entlangreisend erreichte er die größten Wasserfälle der Welt. Die Eingeborenen nannten sie den „Donnernden Rauch". Livingstone gab ihnen, zu Ehren der englischen Königin, den Namen „Viktoriafälle". Im Mai 1856 erreichte er schließlich die Ostküste bei Quelimane.

e) Rückkehr Livingstones

Als Held gefeiert kehrte er nach England zurück. Er erhielt zahlreiche Ehrungen, schrieb ein erfolgreiches Buch und hatte großen Zulauf bei seinen Vorträgen. Die Öffentlichkeit war sehr an Informationen über den großen unbekannten Kontinent Afrika interessiert.

Livingstone trug viele Erkenntnisse über diesen Erdteil, der von Urwald, Wüsten und Savannen bedeckt, von Flüssen durchzogen und von unwegsamem Gelände geprägt ist, zusammen. Dies war die Voraussetzung dafür, dass die Europäer später – und allen voran die Engländer – Afrika in Besitz nahmen, unter sich aufteilten und hier Kolonien errichteten.

f) Livingstone verschollen

Von 1858 bis 1864 unternahm Livingstone eine weitere große Expedition, um den Sambesi und den Njassasee zu erforschen. Diese Reise war immer wieder von Rückschlägen begleitet, brachte aber erneut wichtige Erkenntnisse über das Landesinnere.

Name: Datum:

Textseite

Zwei Jahre später brach er zu seiner nächsten Expedition auf. Auf der Suche nach den Quellen des Nils reiste er von Mtwara zum Njassasee und weiter zum Tanganjikasee. Er entdeckte den Moeero- und den Bangweolosee. Schließlich musste er sich aber von Krankheit gezeichnet in den Ort Ujiji am Ostufer des Tanganjikasees zurückziehen.

Es wurden ihm Medikamente und Lebensmittel gestohlen. Einige seiner Leute ließen ihn im Stich und behaupteten er sei tot. In der Weltöffentlichkeit, die so großen Anteil an seinen Reisen genommen hatte, galt er als verschollen.

g) Stanley findet Livingstone

1869 beauftragte die amerikanische Zeitung „New York Herald" einen ihrer Journalisten, nach Livingstone zu suchen. Es war Henry Morton Stanley (II). Er rüstete mit den Geldern dieser großen Zeitung eine Expedition mit 200 Mann aus und erreicht Ende Oktober 1871 den Ort Ujiji. Mit den Worten: „Dr. Livingstone, nehme ich an?", begrüßte er den berühmten Afrikaforscher, der seit nunmehr fünf Jahren keinen Europäer mehr gesehen hatte.

h) Stanleys Expeditionen

Nachdem Livingstone wieder bei Kräften war, erforschten beide gemeinsam den Tanganjikasee. Sie fanden die Quellen des Nils aber nicht. Während Stanley zur Ostküste zurückkehrte, unternahm Livingstone weitere Forschungsreisen zum Bangweolosee. Dort starb er am 1. Mai 1873 an Fieber (III).

Stanley reiste nach London zurück. Als er vom Tod Livingstones erfuhr, beschloss er, dessen Arbeit fortzusetzen. 1874 organisierte er eine der größten Expeditionen in Afrika. Mit 365 Trägern, Führern und Soldaten marschierte er zum Viktoriasee. Es wurde ein Höllenmarsch von 14 Wochen, bei dem 100 Männer an Typhus, anderen Krankheiten und Kämpfen mit der einheimischen Bevölkerung starben. Stanley war hart und rücksichtslos gegenüber seinen Männern und sich selbst. Die Expedition zog 1876 weiter zum Tanganjikasee. Schließlich wollte er einen Fluss namens Lualaba erforschen, weil er ihn für den Oberlauf des Nils hielt. Monatelang fuhr er mit 18 Booten den Fluss hinunter. Bei Boma mündete er in den Atlantik. Stanley hatte den Lauf des Kongos erforscht. 114 Männer waren noch bei ihm, der Rest war geflohen oder tot.

England war aber an dem Kongogebiet nicht interessiert. Darum erforschte Stanley das Gebiet für den belgischen König. Dies führte dazu, dass dieses Gebiet später eine belgische Kolonie wurde.

Wenn du zu diesen Begriffen weiterforschst, erfährst du noch mehr über dein Thema: **Missionar, Sklaverei, Kalahari-Wüste, Sambesi, Malaria, Viktoriafälle, Kolonie, Njassasee, Tanganjikasee, Typhus.**

Name: Datum:

Bildseite

2.13 David Livingstone und Henry M. Stanley

I. David Livingstone

II. Henry M. Stanley

III. Der todkranke Livingstone in einer Art Hängematte

Name: Datum:

Arbeitsblatt

2.13 David Livingstone und Henry M. Stanley

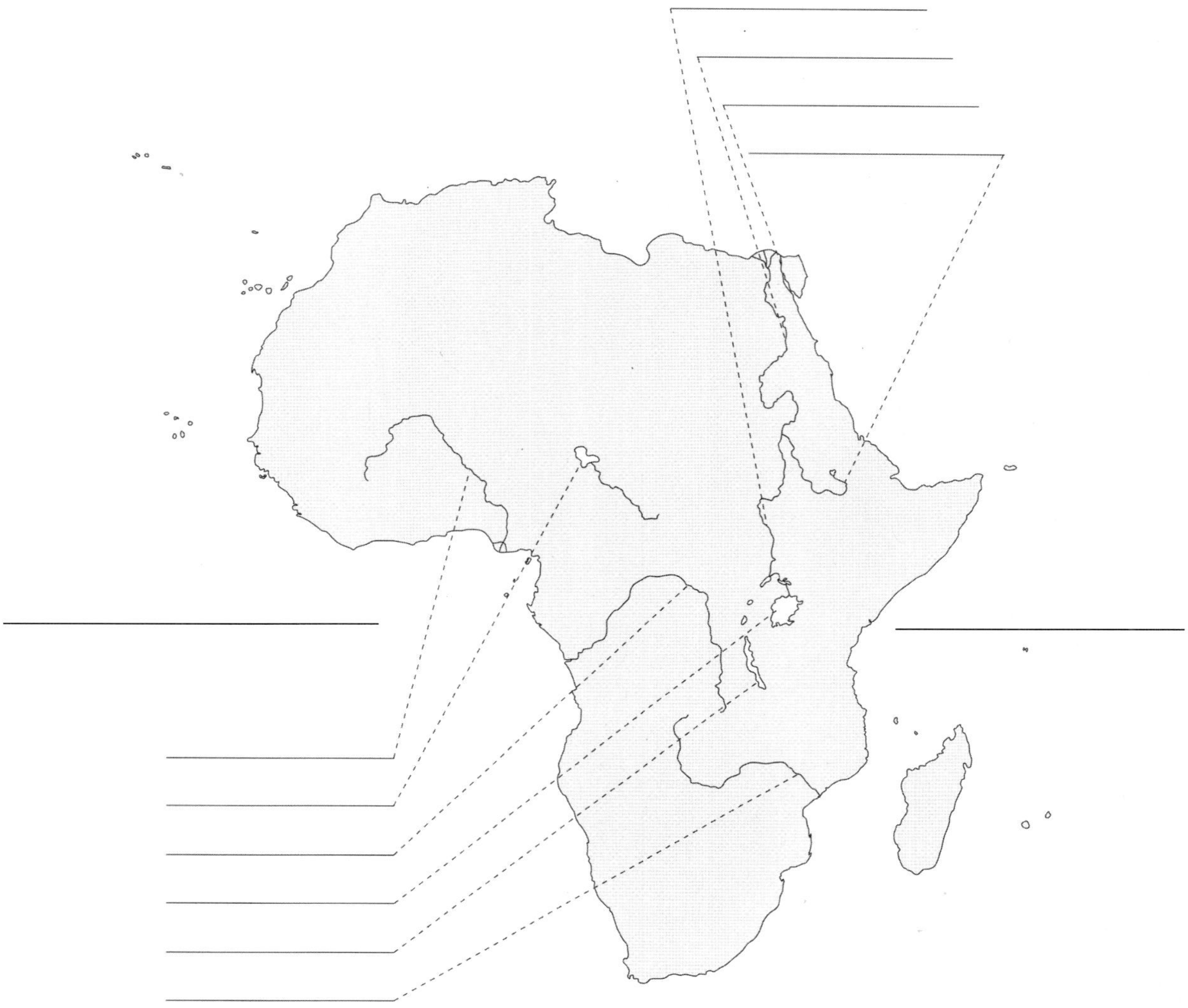

Aufgabe 1:

Beschrifte in der Karte von Afrika die großen Flüsse, Seen und angrenzenden Meere. Nimm dazu deinen Atlas zu Hilfe.

Aufgabe 2:

Woher bekommt der Nil sein Wasser?

Name: Datum:

Lösung

2.13 David Livingstone und Henry M. Stanley

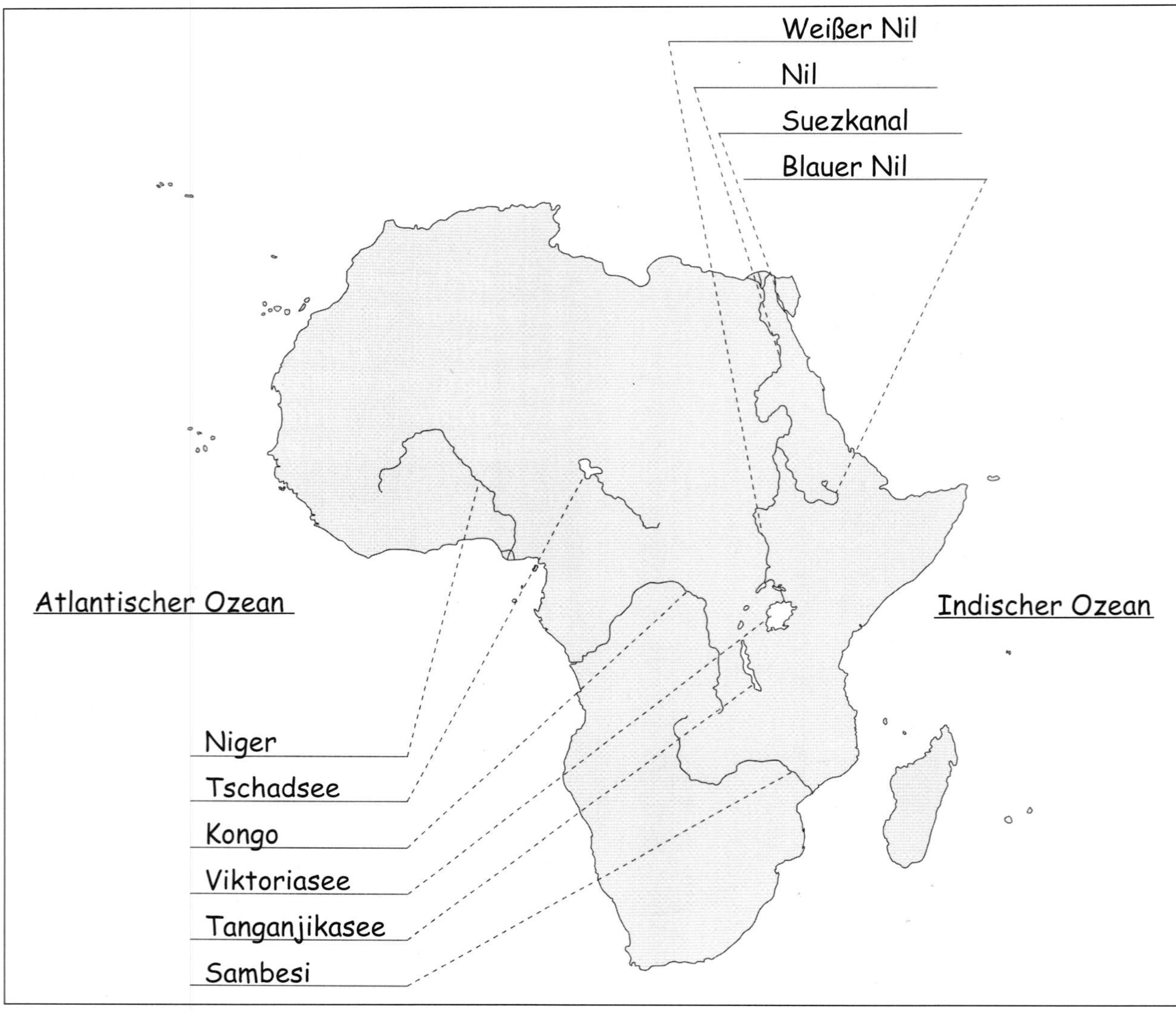

Aufgabe 1:

Beschrifte in der Karte von Afrika die großen Flüsse, Seen und angrenzenden Meere. Nimm dazu deinen Atlas zu Hilfe.

Aufgabe 2:

Woher bekommt der Nil sein Wasser?

Der Fluss Kagera ist der stärkste Zufluss zum Viktoriasee. Von hier fließt das Wasser in den Kyogasee und weiter in den Weißen Nil. Der Weiße Nil verbindet sich mit dem Blauen Nil bei Khartoum zum Nil.

Name: Datum:

Ergänzung

2.13 David Livingstone und Henry M. Stanley

Hier kannst du weiterlesen:

Sachbücher

1. „Großer Atlas der Forscher und Entdecker" herausgegeben von Shona Grimbly, Orbis Verlag, 2003.
2. „Das große National Geographic Lexikon – Die 100 bedeutendsten Entdecker", National Geographic, 2003.
3. „Die größten Entdecker der Welt" von Rosemary Burton u. a., Gondrom Verlag, 2003.
4. „Die Geschichte der Entdecker" von Daniela Forni, Bertelsmann Jugendbuch-Verlag, 2000.
5. „Entdecker und ihre Reisen" von Dr. Rainer Köthe, Reihe: „Was ist was", Tessloff Verlag, 2010.
6. „Entdecker" von Philip Wilkinson, Tessloff Verlag, 2003.
7. „Wer war das? Abenteurer und Entdecker" von Christiane Schulz-Reiss, Loewe-Verlag, 2006.
8. „Henry Morton Stanley" von Paul W. Lange, Edition Erdmann, 1990.
9. „David Livingstone: das Geheimnis der Nilquellen" von Maja Nielsen, Gerstenberg Verlag, 2007.

Erzählende Bücher

1. „Mit Livingstone durch Afrika" von Pierre Marc und Jan Sovak, Bohem Press, 1993.
2. „Rotes Kap der Abenteuer" von Rainer M. Schröder, Arena Verlag, 2002.

Das kannst du noch tun:

1. Merktext

Schreibe für deine Mitschüler einen Merktext über die Entdecker und benutze dabei das Arbeitsblatt und einen schwarzen Fineliner.

2. Stichwortzettel

Lege für deinen Vortrag einen Stichwortzettel auf einer Karteikarte (DIN A6) an. Schreibe dazu die Überschriften des Basistextes auf und ergänze noch einige Stichwörter zu jeder Überschrift.

3. Lebenslauf

Sammle aus Lexika und anderen Büchern möglichst viele Lebensdaten der Entdecker und gestalte mithilfe des Arbeitsblattes jeweils einen Lebenslauf.

4. Plakat

Gestalte zu den Entdeckern ein Plakat. Benutze dazu die beiliegende Anleitung.

5. Eine Pflanze aus fernen Ländern – der Kautschuk (Gummi)

Die Entdecker haben neben vielen anderen Dingen auch einige Pflanzen mitgebracht. Dazu gehörten z.B. Paprika, Ananas, Mais, Kartoffeln, Tabak und Tomaten. Auch waren Pflanzen wie der Pfeffer, die Gewürznelke oder die Muskatnuss wichtige Gründe für die Suche nach neuen Handelswegen. Informiere dich über den **Kautschuk** (siehe Bildseite mit Pflanzen), der aus fernen Ländern stammt. Gestalte dazu eine kurze Information (siehe beiliegendes Arbeitsblatt „Pflanzen aus fernen Ländern").

Name: Datum:

Textseite

2.14 Leben an Bord

a) Schlechte Bedingungen

Die Lebensbedingungen auf den Segelschiffen der Entdecker und Eroberer waren keineswegs behaglich. Die räumlichen Verhältnisse auf den Schiffen waren äußerst eng (I). Unter Deck konnte man meist nur gebückt gehen.

Das Schiff war in ständiger Bewegung, vor allem bei Sturm. Die Ernährung war meist schlecht und oft herrschten Hunger und Durst. Es gab zahlreiche Gefahren und oft litten die Seeleute an Krankheiten. Viele starben während der Reise.

b) Enge Schlafplätze

Die Matrosen hatten keinen festen Schlafplatz, sondern sie mussten sich irgendwo zwischen den Kisten und Fässern eine Schlafstelle auf Stroh suchen. Später übernahmen sie die Idee der Hängematte von den Indianern. Die Hängematten waren etwas komfortabler, auch weil sie die Bewegungen des Schiffes ausglichen und man vor Nässe und Schmutz geschützt war (I). Auch waren die Matrosen nun mehr geschützt vor unliebsamen Besuchern wie Ratten und Mäusen. Bei der Enge unter Deck konnte man mit Hängematten den Raum besser ausnutzen. Es gab aber immer nur eine Hängematte für zwei Matrosen. Der eine benutzte sie, während der andere Wachdienst hatte.

Tobte tage- oder wochenlang ein Sturm, war es besonders schwierig, zu schlafen und sich von der harten Arbeit zu erholen.

c) Schwierige Lebensmittelversorgung

Die Versorgung mit Lebensmitteln war oft schwierig und das Essen schlecht bis ungenießbar. Das lag vor allem daran, dass sich frische Lebensmittel nicht lang hielten. So bestand die Ernährung bei wochenlangen Seereisen vor allem aus Nahrungsmitteln, die man haltbar machen konnte. Dies erreichte man durch Trocknung (Trockengemüse) oder Pökeln (Fleisch und Fisch in Salz eingelegt). Daneben gab es Zwieback.

Diese Lebensmittel waren in hölzernen Fässern verstaut. In der feuchten Luft an Bord verdarben aber auch diese leicht oder wurden von Schädlingen befallen. Oft fraßen auch Ratten von den Vorräten. So litten die Seeleute oft Hunger. Sie versuchten, Fische zu fangen, oder aßen in ihrer Verzweiflung Ratten, die sie an Bord fanden. Die Mannschaft des Weltumseglers Fernando Magellan hatte tagelang Leder eingeweicht, anschließend geröstet und dann verzehrt. Auch von Sägemehl hatte sie sich ernährt.

d) Trinkwasserknappheit

Trinkwasser wurde ebenfalls in Fässern mitgeführt. Aber auch dies wurde nach Tagen oder Wochen ungenießbar. Eine Alternative waren noch alkoholische Getränke. Wein, Bier, Apfelwein, Rum usw. verdarben nicht so schnell und wurden mit Wasser verdünnt.

Der Proviantmeister gab die Lebensmittel aus. Wenn auf längeren Reisen das Wasser knapp wurde, stellte man einen Posten auf, der Tag und Nacht darauf zu achten hatte, dass die kostbare Flüssigkeit nur zum Trinken entnommen wurde und auch nur in kleinen Mengen.

e) Krankheiten

Die schlechte Ernährung war eine der Hauptursachen für Krankheiten an Bord. Skorbut war so eine gefürchtete Seemannskrankheit. Sie entstand vor allem bei Mangel an Vitamin C, das vor allem in frischem Obst enthalten ist. Die Symptome von Skorbut sind: Zahnfleischbluten und Zahnausfall, Müdigkeit, Gelenkentzündungen u. a.

Unter dem Kommando von George Anson verließen 1740 acht Kriegsschiffe England, um spanische Schiffe anzugreifen. Sie machten reichlich Beute, aber von der ursprünglich 2.000 Mann starken Besatzung kehrten nach dreieinhalb Jahren nur 70 Männer nach England zurück. Die meisten waren an Skorbut gestorben.

Das Trinken von verdorbenem Wasser konnte Typhus (auch „Schiffsfieber" genannt) auslösen. Andere Krankheiten waren Ruhr, Tuberkulose oder Gelbfieber. In den engen Räumen an Bord steckten sich die Seeleute leicht gegenseitig an, sodass es manchmal zu Epedemien kam.

Name: Datum:

Textseite

f) Harte Arbeit

Die Arbeiten an Bord waren sehr vielfältig. Oft mussten die Matrosen bei schlimmstem Wetter in die Masten klettern, um Segel zu setzen oder einzuholen (III). Dazu standen sie barfuß auf einem Seil (Perde) unterhalb der Rahen (waagerechte Balken), zogen das Segel hoch und banden es fest. Der oft tonnenschwere Anker musste mit einer Winde (Spill) eingeholt werden, die von vielen Matrosen gleichzeitig gedreht wurde. Weitere Arbeiten waren das Deck schrubben, Wache stehen oder Reparaturarbeiten ausführen.

g) Zeitvertreib

Es gab aber auch ruhige Augenblicke. Dann vertrieben sich die Seeleute die Zeit mit Spielen, Musik machen, Fischfang, sie stellten kleine Kunstwerke her wie Schnitzereien oder Schiffsmodelle oder man tauschte Klatsch und Tratsch aus und rauchte ein Pfeifchen. Dies durfte aber wegen der Brandgefahr nur auf dem Oberdeck geschehen.

h) Schlechte Kleidung

An Kleidung hatten die Matrosen oft nur das, was sie am Leib trugen. Leben und Arbeiten an Bord ruinierte die Kleider. So liefen die einfachen Matrosen meist in Lumpen und Fetzen herum. Sie wuschen sich oft Wochen und Monate nicht. Auch diese mangelnde Hygiene war Ursache für Krankheiten.

i) Harte Strafen

Straftaten und Ungehorsam wurde gleich an Bord bestraft. Der Kapitän war auch oberster Richter auf dem Schiff. Zu den Strafen gehörten die Einbehaltung des Soldes, Kielholen, Spießrutenlaufen und Auspeitschen. Zum Auspeitschen verwendete man eine Peitsche mit neun am Ende geknoteten Schnüren, genannt die „neunschwänzige Katze" (II).

Manchmal wurde auch die Todesstrafe ausgesprochen. Der Weltumsegler Magellan z. B. ließ nach einer Meuterei den Kapitän eines seiner Schiff hinrichten und einen anderen allein an der Küste aussetzen.

Wenn du zu diesen Begriffen weiterforschst, erfährst du noch mehr über dein Thema: **Pökeln, Skorbut, Ruhr, Typhus, Tuberkulose, Gelbfieber, Kielholen, Spießrutenlaufen.**

Name: Datum:

Bildseite

2.14 Leben an Bord

I. Enge Verhältnisse unter Deck

II. Bestrafung mit der „neunschwänzigen Katze"

III. Matrosen holen Segel ein.

Name: Datum:

Arbeitsblatt

2.14 Leben an Bord

Aufgabe 1:

Welche Lebensmittel eignen sich für eine lange Seereise? Welche gab es um 1500 in Europa schon? Kreuze an.

Lebensmittel	**geeignet**	**1500 erhältlich**	**Lebensmittel**	**geeignet**	**1500 erhältlich**
Zwieback			Bier		
Vollkornbrot			Wein		
Weizen			Wasser		
Müsli			Obstsaft		
Fleisch			Milch		
Fisch			Käse		
Mais			Honig		
Bohnen			Marmelade		
Kartoffeln			Nougatcreme		
Eier			Schokolade		

Aufgabe 2:

Zuerst schliefen die Matrosen auf einem Strohlager unter Deck. Später benutzten sie Hängematten. Welche Vorteile hatte die Hängematte?

____

____

Aufgabe 3:

Welche Krankheiten bekamen die Seeleute und warum?

____

____

Name: Datum:

Lösung

2.14 Leben an Bord

Aufgabe 1:

Welche Lebensmittel eignen sich für eine lange Seereise? Welche gab es um 1500 in Europa schon? Kreuze an.

Lebensmittel	**geeignet**	**1500 erhältlich**	**Lebensmittel**	**geeignet**	**1500 erhältlich**
Zwieback	X	X	Bier	X	X
Vollkornbrot		X	Wein	X	X
Weizen	X	X	Wasser	X	X
Müsli	X		Obstsaft		X
Fleisch		X	Milch		X
Fisch		X	Käse	X	X
Mais	X		Honig	X	X
Bohnen		X	Marmelade	X	
Kartoffeln	X		Nougatcreme	X	
Eier		X	Schokolade	X	

Aufgabe 2:

Zuerst schliefen die Matrosen auf einem Strohlager unter Deck. Später benutzten sie Hängematten. Welche Vorteile hatte die Hängematte?

weicher als Schiffsplanken; gleicht Bewegungen des Schiffes aus; für Ratten kaum erreichbar; Schutz vor Nässe und Dreck; platzsparend

Aufgabe 3:

Welche Krankheiten bekamen die Seeleute und warum?

Skorbut wegen Mangel an Vitamin C; Typhus wegen verdorbenem Wasser; Ruhr, Tuberkulose

Name: Datum:

Ergänzung

2.14 Leben an Bord

Hier kannst du weiterlesen:

Sachbücher

1. „Großer Atlas der Forscher und Entdecker" herausgegeben von Shona Grimbly, Orbis Verlag, 2003.
2. „Atlas der großen Entdeckungen" von Antony Mason, Bassermann Verlag, 1998.
3. „Die Geschichte der Entdecker" von Daniela Forni, Bertelsmann Jugendbuch Verlag, 2000.
4. „So lebten sie an Bord der großen Segelschiffe" von Pierre-Henri Sträter, Tessloff Verlag, 1981.
5. „Die größten Entdecker der Welt" von Rosemary Burton u. a., Gondrom Verlag, 2003.

Erzählende Bücher

1. „Young Nick und die Verschwörung auf der Endeavour" von Jürgen Seidel, Beltz und Gelberg Verlag, 2002.
2. „Pirat und Ehrenmann" von Simone van der Vlugt, Bertelsmann, 2002.
3. „Die lange Reise – Geschichte eines Ostindienfahrers" von Sven Nordqist und Mats Wahl, Oetinger Verlag, 1999.

Das kannst du noch tun:

1. Merktext

Schreibe für deine Mitschüler einen Merktext über dein Thema und benutze dabei das Arbeitsblatt und einen schwarzen Fineliner.

2. Stichwortzettel

Lege für deinen Vortrag einen Stichwortzettel auf einer Karteikarte (DIN A6) an. Schreibe dazu die Überschriften des Basistextes auf und ergänze noch einige Stichwörter zu jeder Überschrift.

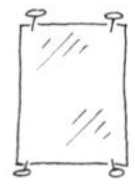

3. Plakat

Gestalte zu deinem Thema ein Plakat. Benutze dazu die beiliegende Anleitung.

4. Eine Pflanze aus fernen Ländern – die Sonnenblume

Die Entdecker haben neben vielen anderen Dingen auch einige Pflanzen mitgebracht. Dazu gehörten z. B. Paprika, Ananas, Mais, Kartoffeln, Tabak und Tomaten. Auch waren Pflanzen wie der Pfeffer, die Gewürznelke oder die Muskatnuss wichtige Gründe für die Suche nach neuen Handelswegen. Informiere dich über die **Sonnenblume** (siehe Bildseite mit Pflanzen), die aus fernen Ländern stammt. Gestalte dazu eine kurze Information (siehe beiliegendes Arbeitsblatt „Pflanzen aus fernen Ländern").

Name: Datum:

Textseite

2.15 Navigation

a) Fahrtzeiten bestimmen

Die Navigation (Steuerung und Einhaltung des Kurses eines Schiffes) war zur Zeit der Segelschiffe sehr unzuverlässig. Es war unmöglich, eine Segelzeit im Voraus festzulegen. Die Seeleute waren gezwungen, günstigen Wind abzuwarten, um einen Hafen zu verlassen, und die dadurch entstandenen Verzögerungen beliefen sich manchmal auf Wochen.

Die Dauer einer Reise und das Datum, zu dem das Schiff seinen Bestimmungshafen anlaufen würde, waren noch schwieriger vorauszusagen. Eine Überfahrt von Westeuropa nach den Westindischen Inseln vor der amerikanischen Küste konnte 35 oder auch 60 Tage oder noch länger dauern.

Die in bestimmten Gegenden auftretenden Flauten (Windstille) konnten Wochen dauern. Andererseits kamen Schiffe durch Stürme oft ganz vom Kurs ab. Ein Handelsschiff beispielsweise, das 1717 von der südfranzösischen Atlantikküste zu den Kanarischen Inseln vor Afrika aufbrach, geriet in eine Schlechtwetterzone und landete bei Martinique, einer kleinen Insel vor Mittelamerika.

Für die Überfahrt nach Amerika war es wichtig, die vorherrschenden Winde auszunutzen. Einer dieser Winde ist der Passat, der von Südeuropa und Nordafrika nach Südwesten Richtung Mittel- und Südamerika bläst. Auf der Rückfahrt war es wichtig, die Westwinde der nördlichen Breiten auszunutzen. Dann fuhren die Kapitäne oft weit nach Norden.

b) Der Wind als Antriebskraft

Der Wind war die einzige Antriebskraft zur Zeit der Entdeckungen. Die ersten Schiffe mit einem Motor mit Dampfantrieb gab es erst ab 1807.

Mit dem schweren Ruder am Heck des Schiffes konnte man die Richtung bestimmen. Viel entscheidender für die Fahrtrichtung war aber der Wind. Kam er von hinten oder von der Seite, so war dies günstig und das Schiff kam schnell voran. Kam er aber von vorn, so war es nur schwer möglich, sich seinem Ziel zu nähern. Das Schiff musste vor dem Wind kreuzen, d.h. es fuhr in einer Zickzacklinie vor dem Wind, sodass dieser von der Seite kam. Dadurch kam das Schiff aber kaum vorwärts.

c) Hilflos ohne Ruder

Das Ruder war für die Schiffe von größter Wichtigkeit. Wenn es verloren ging, so war man hilflos dem Wind, den Wellen und der Strömung ausgesetzt. Daher war das Ruder durch eine Eisenkette gesichert. Auch gab es am Heck des Schiffes eine Klappe, durch die man das Ruder für Reparaturen erreichen konnte.

d) Geschwindigkeitsmessung in Knoten

Um zu wissen, wie lang die Strecke war, die das Schiff schon zurückgelegt hatte, musste man die Geschwindigkeit messen. Dies geschah mit einem Handlog (I). Dies war ein langes, auf einer Rolle aufgerolltes Band, an dessen einem Ende ein Brett befestigt war. Dieses Brett war so beschwert, dass es aufrecht im Wasser stand und an der Stelle stehen blieb, an der man es ins Wasser hineinwarf. An dem Band waren in gleichen Abständen Knoten angebracht. Man warf das Brett ins Wasser und zählte die Knoten des Bandes, die in einer bestimmten Zeit abspulten. Die Zeit wurde mit einer Sanduhr gemessen. Wenn man wusste, wie viele Knoten in einer bestimmten Zeit abgespult waren, konnte man errechnen, wie lang die Strecke war, die man zurückgelegt hatte. Noch heute geben die Seeleute die Geschwindigkeit eines Schiffes in Knoten an. Ein Knoten (kn) entspricht der Geschwindigkeit von einer Seemeile pro Stunde, gleich 1,852 km/h.

e) Verwendung des Kompasses

Viel schwieriger war die Bestimmung der Fahrtrichtung. Wenn ein Schiff von Europa nach Amerika unterwegs war, sah der Kapitän wochenlang kein Land. Wie sollte er wissen, in welche Richtung er fahren musste? Das wichtigste Instrument hierfür war der Kompass.

Beim Magnetkompass richtet sich die auf einer feinen Spitze gelagerte Magnetnadel immer in Nord-

Name: Datum:

Textseite

Süd-Richtung aus. Dies liegt an dem Magnetfeld der Erde. So kann man überall auf der Erde bestimmen, wo Norden ist und damit auch, wo die anderen Himmelsrichtungen sind.

Erfunden wurde der Kompass schon um 1100 in China. Die Araber brachten ihn im 13. Jahrhundert nach Europa.

f) Messgeräte für die Standortbestimmung

Mit dem Kompass kann man zwar die Richtung bestimmen, nicht aber die Position, auf der man sich gerade befindet. Dies ist besonders schwer, wenn man sich irgendwo auf dem Meer befindet ohne Land in Sichtweite. Hierfür hatten die Seefahrer um 1500 andere Geräte. Dies waren der Jakobstab (II), das Astrolabium und der Sextant. Hiermit konnte man den Winkel bestimmter Fixsterne zum Standort messen und so errechnen, auf welchem Breitengrad man sich befand. War der Himmel von Wolken bedeckt, waren solche Messungen nicht möglich.

g) Der Anker

Vor der Küste oder bei Sturm auf offener See war es oft notwendig, vor Anker zu gehen. Nur so konnte man verhindern, dass das Schiff abgetrieben wurde. Der Anker war oft sehr schwer und benötigte ein langes Seil, um den Boden zu erreichen. Manchmal mussten viele Männer am Ankerspill drehen, um das schwere Gerät hochzuholen (zu lichten).

h) Messung der Meerestiefe

Bei den großen Schiffen der Entdecker war es auch wichtig, die Wassertiefe zu wissen. Nur so konnte man verhindern, dass man auf Grund lief und das Schiff schwer beschädigt wurde.

Um die Wassertiefe zu messen, benutzte man ein Handlot (III). Dieses bestand aus einer Leine, an der im Abstand von 182 cm (= 1.000stel Seemeile) Markierungen angebracht waren. Am Ende des Seils befand sich ein etwa 10 kg schweres Gewicht, das ins Wasser gelassen wurde. Nun konnte man die Markierungen zählen, bis das Gewicht den Meeresboden erreichte.

Wenn du zu diesen Begriffen weiterforschst, erfährst du noch mehr über dein Thema: **Kompass, Seemeilen, Knoten, Jakobstab, Sextant.**

Name: Datum:

Bildseite

2.15 Navigation

I. Messung der Strecke mit dem Handlog

II. Bestimmung der Position mit dem Jakobstab

III. Messung der Wassertiefe

Name: Datum:

Arbeitsblatt

2.15 Navigation

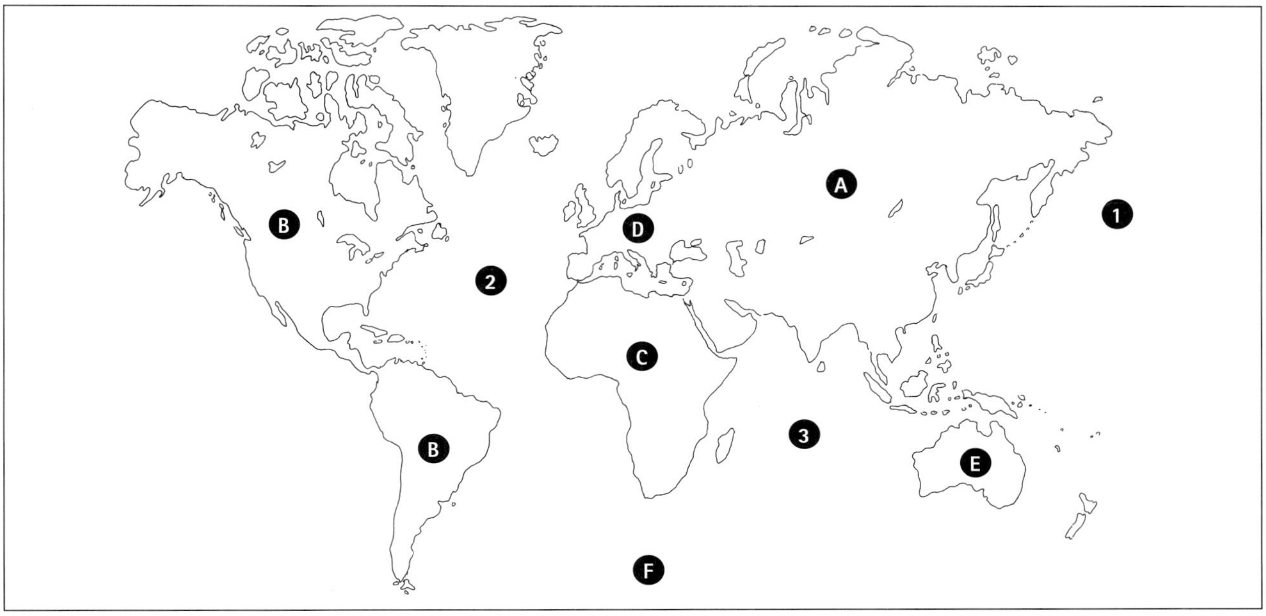

Aufgabe 1:

Schlage im Lexikon oder Atlas die drei Weltmeere und sechs Kontinente sowie die jeweilige Größe nach. Schreibe die Angaben auf.

Weltmeere:

1 ______________ Größe: ______________ 2 ______________ Größe: ______________

3 ______________ Größe: ______________ Wasserfläche insgesamt: ______________

Kontinente:

A ______________ Größe: ______________ B ______________ Größe: ______________

C ______________ Größe: ______________ D ______________ Größe: ______________

E ______________ Größe: ______________ F ______________ Größe: ______________

Landfläche insgesamt: ______________ Erde insgesamt: ______________

Aufgabe 2:

Berechne wie viel Landmasse und wie viel Wassermasse die Erde hat. Verwende die Formel:
... % = Masse der Weltmeere (der Landfläche) x 100 : Gesamtoberfläche.

Die Wassermasse der Erde macht ______________ Prozent der Gesamtoberfläche aus.

Die Landmasse der Erde macht ______________ Prozent der Gesamtoberfläche aus.

Name: Datum:

2.15 Navigation

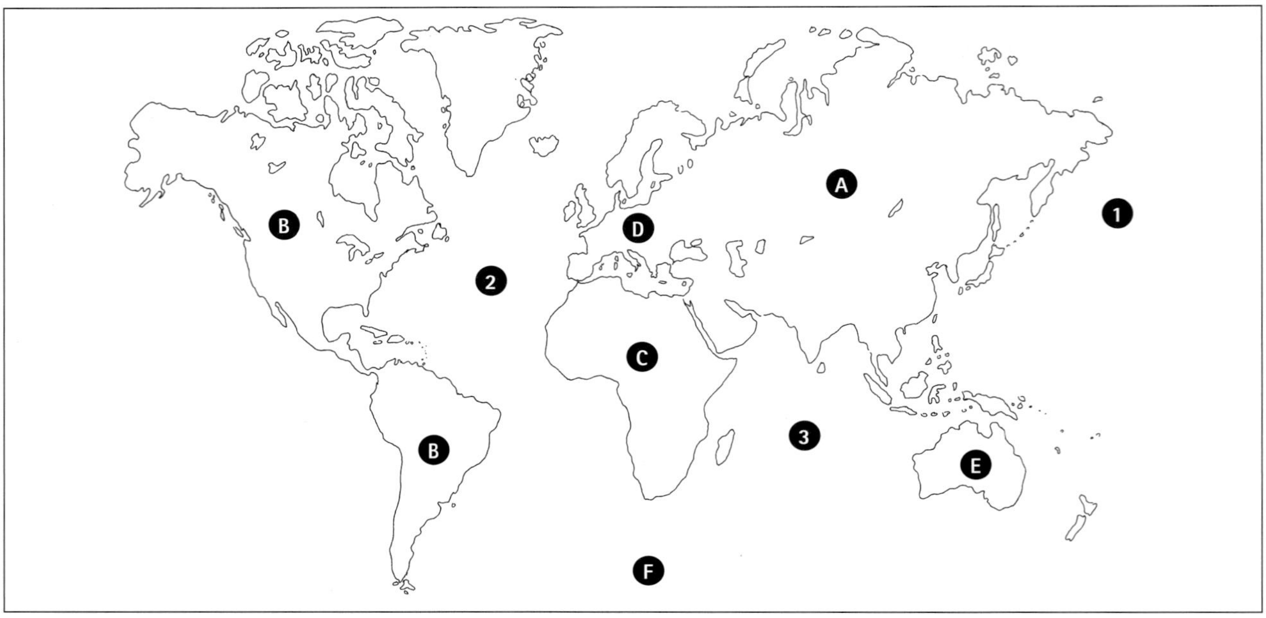

Aufgabe 1:

Schlage im Lexikon oder Atlas die drei Weltmeere und sechs Kontinente sowie die jeweilige Größe nach. Schreibe die Angaben auf.

Weltmeere:

1 Pazifik Größe: 180 qkm

2 Atlantik Größe: 106,60 qkm

3 Indischer Ozean Größe: 74,20 qkm

Wasserfläche insgesamt: 360,80 qkm

Kontinente:

A Asien Größe: 44,40 qkm

B Amerika Größe: 41,20 qkm

C Afrika Größe: 30,30 qkm

D Europa Größe: 10,50 qkm

E Australien Größe: 8,90 qkm

F Antarktis Größe: 14,00 qkm

Landfläche insgesamt: 149,30 qkm

Erde insgesamt: 510,10 qkm

Aufgabe 2:

Berechne wie viel Landmasse und wie viel Wassermasse die Erde hat. Verwende die Formel:
... % = Masse der Weltmeere (der Landfläche) x 100 : Gesamtoberfläche.

Die Wassermasse der Erde macht 70,73 Prozent der Gesamtoberfläche aus.

Die Landmasse der Erde macht 29,27 Prozent der Gesamtoberfläche aus.

Name: Datum:

Ergänzung

2.15 Navigation

Hier kannst du weiterlesen:

Sachbücher

1. „Großer Atlas der Forscher und Entdecker" herausgegeben von Shona Grimbly, Orbis Verlag, 2003.
2. „Atlas der großen Entdeckungen" von Antony Mason, Bassermann Verlag, 1998.
3. „Die Geschichte der Entdecker" von Daniela Forni, Bertelsmann Jugendbuch Verlag, 2000.
4. „So lebten sie an Bord der großen Segelschiffe" von Pierre-Henri Sträter, Tessloff Verlag, 1981.
5. „Die größten Entdecker der Welt" von Rosemary Burton u. a., Gondrom Verlag, 2003.

Erzählende Bücher:

1. „Die lange Reise – Geschichte der Ostindienfahrer" von Sven Nordqvist und Mats Wahl, Oetinger Verlag, 1999.

Das kannst du noch tun:

1. Merktext

Schreibe für deine Mitschüler einen Merktext über dein Thema und benutze dabei das Arbeitsblatt und einen schwarzen Fineliner.

2. Stichwortzettel

Lege für deinen Vortrag einen Stichwortzettel auf einer Karteikarte (DIN A6) an. Schreibe dazu die Überschriften des Basistextes auf und ergänze noch einige Stichwörter zu jeder Überschrift.

3. Plakat

Gestalte zu deinem Thema ein Plakat. Benutze dazu die beiliegende Anleitung.

4. Eine Pflanze aus fernen Ländern – das Zuckerrohr

Die Entdecker haben neben vielen anderen Dingen auch einige Pflanzen mitgebracht. Dazu gehörten z.B. Paprika, Ananas, Mais, Kartoffeln, Tabak und Tomaten. Auch waren Pflanzen wie der Pfeffer, die Gewürznelke oder die Muskatnuss wichtige Gründe für die Suche nach neuen Handelswegen. Informiere dich über das **Zuckerrohr** (siehe Bildseite mit Pflanzen), das aus fernen Ländern stammt. Gestalte dazu eine kurze Information (siehe beiliegendes Arbeitsblatt „Pflanzen aus fernen Ländern").

3.1 So wirst du Experte für dein Thema

1. Basistext lesen

Lies den Basistext und markiere die wichtigsten Stichwörter. Ist dir ein Begriff unbekannt, so schlage ihn zunächst im Lexikon nach, bevor du die Lehrkraft fragst. Die Bilder zum Basistext helfen dir beim Verständnis des Inhalts.

Bearbeite auch das zugehörige Arbeitsblatt.

2. Noch mehr Expertenwissen

Informiere dich über das Thema. Benutze hierfür Lexika, Jugendbücher, CD-ROMs, das Internet usw.

3. Stichwortzettel schreiben

Notiere dir das Wichtigste auf einem Stichwortzettel. Beschäftige dich mit dem Basistext und den zusätzlichen Informationen so lange, bis du nur mithilfe der Stichwörter und der Bildseiten den Inhalt deinen Mitschülern vortragen kannst.

4. Merktext schreiben

Schreibe das Wesentliche zu deinem Thema in ganzen Sätzen sauber auf etwa eine Seite (s. S. 114).

Diese wird dann für deine Mitschüler kopiert.

5. Präsentation

Stelle deinen Mitschülern dein Thema nur mithilfe des Stichwortzettels und der Bilder, die auf Folie kopiert wurden, vor. Erkläre dabei auch, was du an diesem Thema besonders reizvoll fandest.

3.2 Themenverteilung

Nr.	Thema	Schüler	Datum der Präsentation
2.1	Leif Eriksson		
2.2	Marco Polo		
2.3	Ibn Battuta		
2.4	Christoph Kolumbus		
2.5	Bartolomeu Diaz und Vasco da Gama		
2.6	Fernando Magellan		
2.7	Hernando Cortés		
2.8	Francisco Pizarro		
2.9	Francis Drake		
2.10	James Cook		
2.11	Alexander von Humboldt		
2.12	Heinrich Barth		
2.13	David Livingstone und Henry M. Stanley		
2.14	Leben an Bord		
2.15	Navigation		

3.3 Merktext zum Themenaspekt

von

3.4 Deine Präsentation: Vorbereitung und Durchführung

Nachdem du dich einige Zeit mit deinem Thema beschäftigt hast, sollst du nun deinen Mitschülern dein Expertenwissen vermitteln. Es erfordert schon etwas Mut und Können, vor anderen aufzutreten und einen Vortrag zu halten, auch wenn es deine vertrauten Klassenkameraden sind. Wenn du aber viel über dein Thema weißt, dann wird es dir auch leicht fallen, darüber zu berichten.

Einiges ist aber bei einer guten Präsentation zu beachten:

1. Aufbau: Einstieg, Gliederung, Schluss

Am Anfang solltest du deine Mitschüler mit in das Thema nehmen und sie neugierig darauf machen. Dies könnte etwas besonders Faszinierendes an deinem Thema sein oder die Antwort auf eine Frage, die du dir schon lange gestellt hast, oder etwas Interessantes, was du bis dahin auch noch nicht gewusst hast.

Du solltest dir eine Gliederung zu deinem Thema machen. Dabei kannst du die Gliederungspunkte des Basistextes übernehmen und eventuell durch weitere ergänzen. Deine Zuhörer sollten wissen, worüber du nun erzählen wirst. Was erwartet sie? Du könntest ihnen auch einen groben Überblick über dein Thema und seine Gliederung geben.

Besonders eindrucksvoll ist es, wenn du deinen Vortrag frei halten kannst. Dann können dir deine Zuhörer auch besser folgen, als wenn du etwas stur abliest. Dazu musst du dich aber in deinem Thema gut auskennen.

Hilfreich ist auf jeden Fall ein Stichwortzettel. Notiere darauf die Gliederungspunkte und schreibe jeweils dazu noch einige Stichwörter. Du solltest aber nur so viel aufschreiben, wie du auf einen Blick während des Vortrags erfassen kannst. Die Stichwörter sollen dich daran erinnern, worüber du sprechen möchtest und eventuell Zahlen enthalten, die du dir schlecht merken kannst.

Am Ende solltest du noch einmal auf die wesentlichen Aussagen deiner Präsentation zurückkommen und einen Bogen zum Anfang schlagen. Du fasst noch einmal das Wichtigste in wenigen Worten zusammen. Hier könntest du auch erklären, was für dich besonders faszinierend oder überraschend war und was du Neues erfahren hast. Auch könntest du Beziehungen zu anderen Aspekten der Lerneinheit herstellen.

2. Inhalt: Richtigkeit und Umfang

Alles, was du vorträgst, soll natürlich auch stimmen. Geschichtsforscher haben sich oft jahrelang mit einem Thema beschäftigt, um alle Informationen zusammenzutragen und herauszufinden, wie es damals wirklich war. Darüber hast du im Basistext, in Büchern, vielleicht auch im Internet usw. gelesen. Nun kommt es darauf an, diese Informationen auch richtig und umfassend an deine Mitschüler weiterzugeben. Es geht dabei nicht um Vermutungen oder Glauben, sondern um gesicherte Tatsachen. Stimmen die Jahreszahlen, die Mengen, der Ablauf der Ereignisse, die Handlungen der Menschen usw.? Wenn du etwas nicht genau weißt, dann erkläre, dass dir dazu die Informationen fehlen oder vermeide diesen Themenbereich. Ein Stichwortzettel hilft dir, die Fakten, besonders Zahlen, richtig wiederzugeben.

Gib dich nicht mit wenigen Informationen zufrieden. Wenn du den Basistext aufmerksam studiert und vielleicht noch darüber hinaus weitergeforscht hast, dann weißt du mehr zu sagen als nur ein paar Sätze. Ein Thema wird erst dann besonders interessant, wenn man viel, auch über Einzelheiten, weiß.

3. Vortrag: Mimik, Gestik, Stimme

Nun zum eigentlichen Vortrag: Ein Publikum hört dann besonders gern und aufmerksam zu, wenn der Vortragende sich mit seinem Thema identifiziert, wenn es sein Thema ist, er Spaß an der Erarbeitung hatte und sich selbst sehr dafür interessiert.

Wer nur etwas Aufgeschriebenes vorliest, verbreitet Langeweile. Niemand möchte ihm länger zuhören. Schaue deine Zuhörer an, während du vorträgst. Herrscht Blickkontakt, fühlt sich das Publikum ernstgenommen und direkt angesprochen. Vielleicht gelingt es dir sogar, deinen Vortrag frei und mit Engagement zu halten.

Wenn du dann noch deinen Gesichtsausdruck (Mimik) und deine Hände (Gestik) einsetzt, um etwas zu verdeutlichen, wird dein Publikum deinem Vortrag gern folgen. Größe kann man z. B. mit den Händen und den Armen demonstrieren, mit dem Finger kann man auf etwas deuten und Stimmungen kann man vielleicht sogar mit dem Gesichtsausdruck wiedergeben.

Deine Stimme sollte so laut und deutlich sein, dass alle dich gut verstehen können. Trage nicht mit monotoner, gleichmäßiger Stimme vor, sondern sprich lebendig, abwechslungsreich, mit Betonung z. B. für besonders Wichtiges.

4. Veranschaulichungen: Bilder, Modelle, Rollenspiel, Landkarten, Grafiken usw.

„Ein Bild sagt mehr als 1.000 Worte", sagt man. Oft ist es schwierig, einen technischen Gegenstand oder eine Handlung nur mit Worten zu erklären. Ein Bild hilft da weiter. Die Bildseite auf Folie kopiert liefert dir zu vielen Aussagen des Textes eine anschauliche Darstellung. Baue die Bilder in deinen Vortrag an der richtigen Stelle ein. Es wird auch für die Zuhörer einfacher, deinem Gesprochenen zu folgen. Findest du an anderen Stellen (Bücher, Internet usw.) noch weitere Bilder, so solltest du diese auf Folie kopiert ebenfalls nutzen.

Vergleiche machen vieles anschaulicher. So kann man die Größe oder Einwohnerzahl eines Landes z. B. mit der von Deutschland vergleichen oder die Größe eines Gegenstandes oder eines wenig bekannten Tieres mit einem ähnlichen, bekannten Gegenstand oder Tier.

Vielleicht gibt es zu deinem Thema aber auch einen Gegenstand oder ein Modell (selbst gebastelt?), das du mitbringen kannst. Es gibt Verlage, die bringen Bastelbögen von Häusern, Burgen, Schiffen usw. heraus.

Auch durch ein Rollenspiel kann man seinen Vortrag interessant gestalten. Dies erfordert aber weitere Mitspieler und einen Rollenspieltext, macht aber vielleicht auch besonderen Spaß.

Deine ganze Präsentation solltest du vorher z. B. mit deinen Eltern oder mit einem Mitschüler üben.

5. Kooperation

Wenn ihr das Thema in einer Gruppe erarbeitet, dann sprecht euch für die Präsentation ab, wer was vorträgt. Schlecht ist, wenn einer fast alles vorträgt und für die anderen nur wenig übrig bleibt.

Helft euch gegenseitig und ergänzt euch. Es macht einen schlechten Eindruck, wenn ihr euch bei dem, was vorgetragen wird, nicht einig seid. Unklarheiten müssen vorher bereinigt werden.

6. Material für das Publikum (Merktext)

Gib mindestens einen Tag vor deiner Präsentation deinen Merktext bei deinem Lehrer ab, damit er für die anderen vervielfältigt werden kann. Hierin solltest du das Wichtigste deines Themas zusammenfassen, das, was die anderen von deinem Vortrag behalten sollen und z. B. in ihrer Mappe mit nach Hause nehmen können. Schreibe deutlich und sauber und nicht mehr als auf dem zugehörigen Merktextblatt vorgesehen.

7. Reflexion (Fragen der Mitschüler)

Nach deinem Vortrag erhalten deine Mitschüler Zeit, Fragen an dich zu stellen. Versuche, sie so gut es geht zu beantworten, sage es aber auch deutlich, wenn du die Antwort nicht weißt. Die Fragen kannst du aber auch nutzen, um dein umfangreiches Wissen noch weiter zu verdeutlichen.

3.5 Wie gut war deine Präsentation?

	Stufe 1	Stufe 2	Stufe 3	Stufe 4
1. Aufbau				
Einstieg	Es ist kein Einstieg erkennbar.	Der Sprecher führt kurz in das Thema ein und nennt das eigene Interesse.	Der Sprecher führt in das Thema ein und erregt Aufmerksamkeit und Interesse.	Der Sprecher erregt Aufmerksamkeit und Interesse für das Thema und gibt einen Überblick über den Vortrag.
Gliederung	Der Vortrag ist wirr und ohne Gliederung.	Eine Gliederung ist erkennbar.	Eine klare Gliederung führt durch das Thema. Wichtiges wird hervorgehoben und betont.	Es gibt eine klare Gliederung. Wichtiges wird betont und die Teile sind sinnvoll miteinander verknüpft.
Schluss	Es ist kein Schluss erkennbar.	Ein Schluss wird kurz formuliert.	Der Schluss geht noch einmal auf den Vortrag ein.	Der Schluss geht noch einmal auf den Vortrag ein, erregt besondere Aufmerksamkeit und spannt den Bogen zum Anfang.
2. Inhalt				
Richtigkeit	Es gibt viele inhaltliche Fehler, es mangelt sehr an Sachkenntnis.	Der Vortrag weist mehrere inhaltliche Fehler auf.	Der Vortrag weist kaum inhaltliche Fehler auf.	Alle Informationen sind korrekt.
Umfang	Es ist ein kurzer Vortrag mit wenigen Informationen.	Der Vortrag enthält einige interessante Informationen.	Es ist ein umfangreicher Vortrag mit interessanten Informationen.	Der Vortrag ist umfangreich, mit vielen interessanten Informationen, auch über den Basistext hinaus.
3. Vortrag				
Augen-kontakt	Der Vortrag wird abgelesen.	Der Sprecher hält wenig Augenkontakt zum Publikum, liest teilweise ab oder trägt Auswendiggelerntes vor.	Der Sprecher hält gelegentlichen Augenkontakt zum Publikum, trägt oft frei vor und benutzt dabei den Stichwortzettel.	Der Sprecher hält ständigen Augenkontakt zum Publikum, trägt weitgehend frei vor und benutzt den Stichwortzettel nur manchmal.
Stimme	Der Sprecher ist kaum zu hören.	Der Sprecher ist von einigen zu hören.	Der Sprecher ist von allen zu hören.	Der Sprecher ist von allen deutlich zu hören (angemessene Betonung).
Gesten	Es sind keine Gesten vorhanden.	Es gibt gelegentliche Gesten, um den Inhalt deutlicher zu machen.	Es gibt mehrere Gesten, die den Vortrag unterstützen und den Inhalt deutlich machen.	Es gibt häufige Gesten, die den Inhalt deutlich machen und Aufmerksamkeit erregen.
4. Veranschaulichung				
Bilder	Es werden keine Bilder eingesetzt, obwohl es sich anbietet.	Der Vortrag wird durch wenige Bilder unterstützt.	Die Bilder der Folie werden alle sachgerecht eingesetzt.	Viele passende Bilder – auch über die Bildfolie hinaus – werden in den Vortrag sachgerecht eingebaut.
weitere Veranschau-lichungen	Es sind keine weiteren Veran-schaulichungen vorhanden.	Einzelne Grafiken, Schaubilder, Plakate usw. werden eingesetzt.	Mehrere Veranschaulichungs-mittel (Grafik, Schaubild, Modell, Plakat, Mindmap usw.) werden eingesetzt.	Zahlreiche Grafiken, Schaubilder, Modelle, Mindmaps, Plakate, Rollenspiele usw. werden eingesetzt.
5. Kooperation				
Absprache in der Gruppe	Absprachen unter den Vortragenden sind nicht erkennbar.	Es gibt wenige Absprachen unter den Vortragenden.	Die Vortragenden haben sich deutlich untereinander abgesprochen.	Die Vortragenden haben sich gut untereinander abgesprochen und ergänzen sich gegenseitig.
6. Material für das Publikum				
Merktext	Es ist kein Merktext vorhanden.	Der Merktext gibt wenige Informationen.	Der Merktext gibt das Wichtigste vom Thema wieder.	Der Merktext enthält viele und dabei wichtige Informationen.
7. Reflexion				
Fragen der Mitschüler	Kaum eine Frage kann beantwortet werden.	Nur einige Fragen werden beantwortet.	Es werden im Wesentlichen alle Fragen der Mitschüler beantwortet.	Alle Fragen der Mitschüler werden beantwortet und für zusätzliche Informationen genutzt.

3.6 Eine Biografie schreiben

Bei dem Thema „Entdecker und Eroberer" geht es vor allem um Menschen, die ein sehr ungewöhnliches Leben geführt haben. Sie waren sehr lange von zu Hause fort, haben ungewöhnliche Strapazen auf sich genommen, aber auch große Abenteuer erlebt.

Es geht nun darum, dass du dich mit einem solch außergewöhnlichen Leben näher beschäftigst, dich intensiv darüber informierst und anderen davon berichtest.

Worauf musst du bei einer Biografie (Lebenslauf) achten?

- Sammle alle Lebensdaten (Geburt, Hochzeit, Tod usw.).
- Woher kommt dein Entdecker oder Eroberer (Land, Gegend, Stadt usw.)?
- Aus welcher Familie stammt er (Beruf und gesellschaftliches Ansehen von Vater und Mutter, Geschwistern usw.)?
- Was kannst du über seine Jugend erfahren (Schul- und Berufsausbildung, Tätigkeiten, Interessen usw.)?
- Wie sah sein Leben aus, bevor er berühmt wurde?
- Worin bestanden seine besonderen Leistungen?
- Wann hat er welche Reisen wohin unternommen?
- Was waren die Absichten seiner Reisen?
- Hat er sein Ziel erreicht?
- Welche Strapazen hat er auf sich genommen?
- Welche Schicksalsschläge hat es gegeben (Krankheit, Verlust von Freunden oder Verwandten usw.)?
- Wie endete sein Leben (Todesursache, Ort und Umstände seines Todes usw.)?

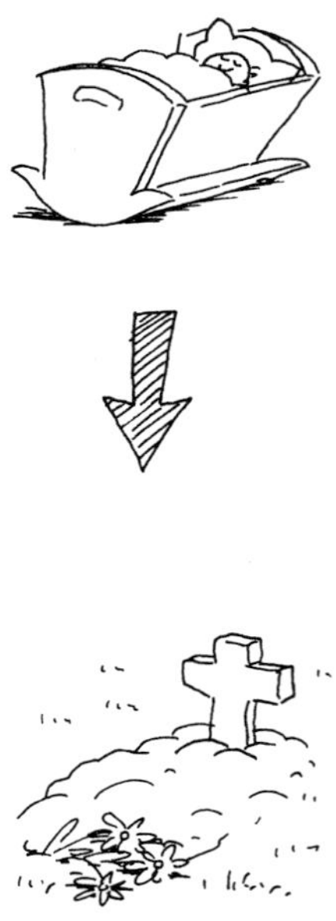

Gestalte einen Lebenslauf des Entdeckers!

Versuche nun, den Lebenslauf mit Bildern und Stichworten auf einem DIN-A4-Blatt zu gestalten. Verwende dazu die Symbole für Geburt und Tod sowie andere Abbildungen. Anschließend kannst du diese Seite auf Folie kopieren und für die Präsentation verwenden.

3.7 Ein Plakat gestalten

Ein Plakat dient dazu, anderen wichtige Informationen über eine Sache mitzuteilen und ihre Aufmerksamkeit für das Thema zu wecken.

Wenn du zu einem Thema ein Plakat erstellst, solltest du großzügig mit Bildern, aber sparsam mit Text umgehen. Kaum jemand liest in einer Ausstellung lange Texte. Was du mitteilen willst, sollte kurz zusammengefasst und auf das Wesentliche beschränkt sein und mit wenigen Blicken erfasst werden können.

Der folgende Vorschlag für einen Plakatentwurf zeigt dir, wie du die Informationen aus dem Basistext, der Bildseite und dem Arbeitsblatt gestalten kannst. Benutze als Grundlage einen Plakatkarton in der Größe DIN A1. Schreibe den Text in großer Schrift entweder gut leserlich mit der Hand oder mit dem Computer. Gestalte dein Plakat farbig, vor allem, wenn etwas hervorgehoben werden soll. Dabei musst du aufpassen, dass du das Plakat nicht überfrachtest. Der Blick auf das Wesentliche muss erhalten bleiben und dahin gelenkt werden.

Mit euren Plakaten, den Informationen zu den exotischen Früchten, der Weltkarte usw. könnt ihr eine Ausstellung z. B. beim Schulfest gestalten.

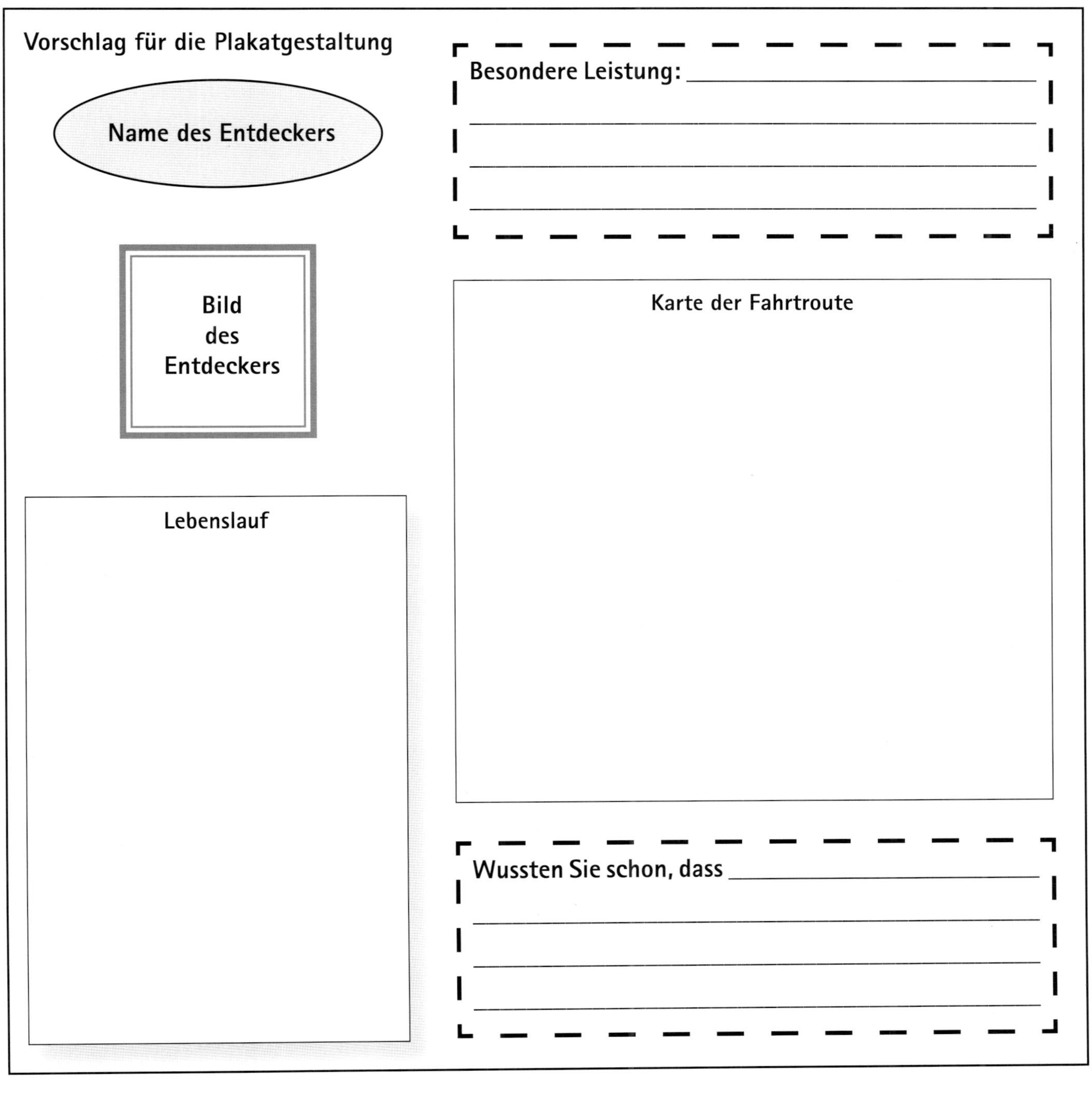

3.8 Die Weltkarte

3.9 Pflanzen aus fernen Ländern

Die Entdecker brachten von ihren Reisen viele exotische Pflanzen mit nach Europa. Beschäftige dich mit einer der Pflanzen. Beschreibe ihr Aussehen, berichte über ihre Geschichte und Verwendung. Schreibe dazu einen Text, den du in vier Abschnitte gliederst:

- **Aussehen:** kurze Beschreibung der äußeren Form, der Größe, Farbe
- **Geschmack:** bei einer Frucht oder einem Gewürz
- **Geschichte:** Herkunft, Zeitpunkt der Einführung nach Europa, Anbau heute
- **Verwendung:** Verarbeitung, Gebrauch

Gestalte zu diesen Punkten ein Blatt oder eine Karteikarte im Format DIN A5. Schneide das Bild deiner Frucht aus dem beiliegenden Bogen aus, male es farbig an und klebe es auf das Blatt oder die Karteikarte. Schreibe nun den Text zu dem Bild. Wenn du anschließend dieses Blatt oder die Karte auf einen Karton in größerem Format klebst, kannst du dies als Ausstellungsschild verwenden.

Vielleicht findest du ein passendes Kochrezept. Auch das Rezept zusammen mit der Frucht oder dem Gewürz kannst du bei einer Ausstellung präsentieren.

Der Zimt

Aussehen: Zimt wird aus der Rinde dünner Zweige des Ceylonzimtbaums gewonnen. Der Baum kann eine Höhe von 6–12 m erreichen. Der Zimt selbst hat eine hellbraune Färbung und kommt bei uns als Stangen oder gemahlen in den Handel.

Geschmack: Zimt hat einen ganz eigenen Geschmack. Man kennt ihn vor allem von Weihnachtsgebäck. Sein Geruch ist mild aromatisch.

Geschichte: Zimt – ursprünglich von der Insel Sri Lanka (früher Ceylon) – wurde schon 3000 v. Chr. in China als Gewürz verwendet. In Europa war es vom 16.–18. Jahrhundert ein besonders teures Gewürz.

Verwendung: Zimt wird heute vor allem in der Weihnachtsbäckerei verwendet (Zimtsterne, Lebkuchen usw.). Zimt senkt den Zuckergehalt im Blut und wird in der Diabetes-Therapie eingesetzt.

3.10 Pflanzen aus fernen Ländern

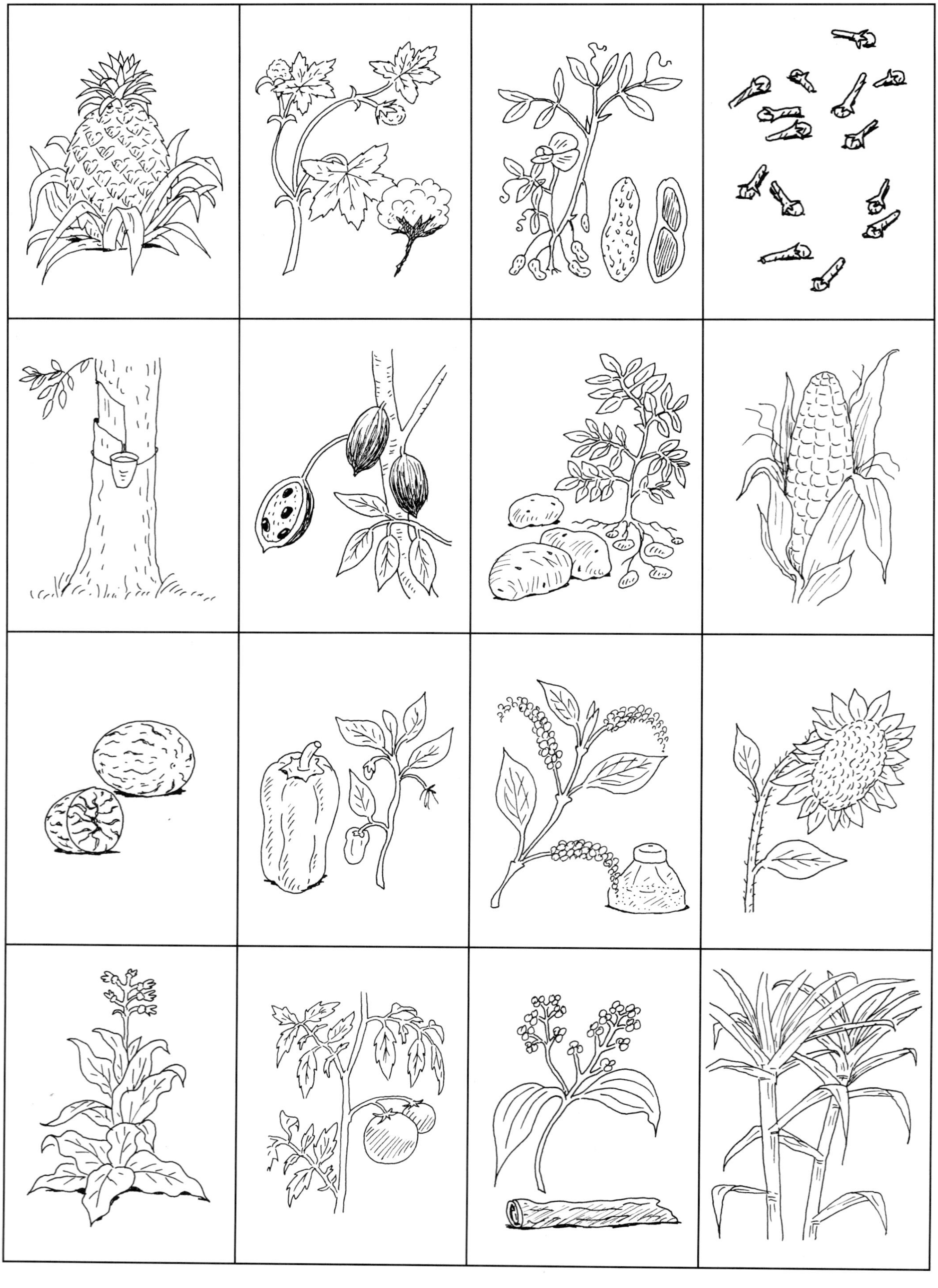

3.10 Pflanzen aus fernen Ländern

Ananas	Baumwolle	Erdnuss	Gewürznelke
Kautschuk (Gummi)	Kakao	Kartoffel	Mais
Muskatnuss	Paprika	Pfeffer	Sonnenblume
Tabak	Tomate	Zimt	Zuckerrohr

Literaturempfehlungen

Sachbücher

1.	Großer Atlas der Forscher und Entdecker, Shona Grimbly (Hrsg.), Orbis Verlag, 2003.
2.	Lexikon der Entdeckungsreisen, Heinrich Pleticha / Hermann Schreiber, Edition Erdmann, 1999.
3.	Das große National Geographic Lexikon – Die 100 bedeutendsten Entdecker, National Geographic, 2003.
4.	Die größten Entdecker der Welt, Rosemary Burton u. a., Gondrom Verlag, 2003.
5.	Die großen Abenteurer, Richard Platt, Dorling Kindersley Verlag, 2000.
6.	Die Geschichte der Entdecker, Daniela Forni, Bertelsmann Jugendbuch-Verlag, 2000.
7.	Entdecker und ihre Reisen, Reihe: „Was ist was?", Dr. Rainer Köthe, Tessloff Verlag, 2010.
8.	Die großen Entdecker, 2 CDs, Moderation: Gabi Bauer, National Geographic Audio, 2003.
9.	Young Oxford – Archäologie, Norah Moloney, Beltz und Gelberg Verlag, 2001.
10.	Die Wikinger, Reihe: „Was ist was?", Hildegard Elsner, Tessloff Verlag, 2010.
11.	Entdecker, Philip Wilkinson, Tessloff Verlag, 2003.
12.	Die großen Entdecker – Magica, Sylvie Deraime, Fleurus Verlag, 2005.
13.	Die Entdecker-Zeitung, Michael Johnstone, Sauerländer, 1999.
14.	Kolumbus entdeckt Amerika, Pierre Marc / Michal Brix, Bohem Press, 1992.
15.	Kolumbus – Das Leben des großen Entdeckers, Jean-Paul Duviols / Maurice Pommier, Loewe Verlag, 2003.
16.	Das Bordbuch 1492, Christoph Columbus, Edition Erdmann, 1986.
17.	Der Untergang des Aztekenreiches, Richard Platt, Gerstenberg Verlag, 2000.
18.	Azteken, Inka, Maya – Alltag, Religion, Kunst, Elizabeth Baquedano, Gerstenberg Verlag, 2003.
19.	Hernando Cortés, Claudine Hartau, rororo monographien, Rowohlt Verlag 1994.
20.	Mayas, Azteken, Inkas, Neil Morris, Tessloff Verlag, 2003.
21.	Die Inkas, Tim Wood, Karl Müller Verlag, 1996.
22.	Leben und Alltag im Zeitalter der Entdeckungen, Gisa Kirstein, BVK, 2001.
23.	Die großen Entdeckungsreisen, Brigitte Coppin, Knesebeck, 2005.
24.	Dumonts Enzyklopädie der Seefahrer und Entdecker, DuMont Verlag, 2002.
25.	Im Sattel durch Nord- und Zentralafrika, 1849–1855, Heinrich Barth, Edition Erdmann, 2000.
26.	Wer war das? Abenteurer und Entdecker, Christiane Schulz-Reiss, Loewe-Verlag, 2006.
27.	Sehen – Staunen – Wissen. Die großen Entdecker. Die bedeutendsten Expeditionen vom Altertum bis heute, Rupert Matthews, Gerstenberg Verlag, 2005.
28.	Die großen Seefahrer und Entdecker, Abenteuer zwischen Polarmeer und Regenwald, Nicki Palin / Gary Hincks, Arena Verlag, 2005.
29.	Entdecker, Forscher, Abenteurer, 33 biografische Skizzen, Rainer M. Schröder, Bertelsmann Verlag, 2006.

Erzählende Bücher

1.	Eriks Tochter, Joan Clark, dtv, 2003.
2.	Erik der Rote oder die Suche nach dem Glück, Tilman Röhrig, Bastei Lübbe, 2006.
3.	Dschingis Khan, Rainer M. Schröder, Bertelsmann-Jugendbuchverlag, 2002.
4.	Die Straßen der wilden Abenteuer: Sven Hedins gefährliche Wüstenkarawane, Karl Rolf Seufert, Arena-Verlag, 2003.
5.	Der Sohn des Columbus, Hans Baumann, dtv junior, 1995.
6.	Sir Francis Drake, Pirat der sieben Meere, Rainer M. Schröder, Omnibus Verlag, 2004.
7.	Dem Wind ausgeliefert – James Cook und die abenteuerliche Suche nach Australien, Peter Aughton, Diana-Verlag, 2002.
8.	Young Nick und die Verschwörung auf der Endeavour, Jürgen Seidel, Beltz und Gelberg Verlag, 2002.
9.	Reise um die Welt mit Kapitän Cook, Georg Forster, Lamuv Verlag, 2002.
10.	Reise um die Welt mit Capitain Cook, Heinrich Zimmermann, Albatros Verlag, 2001.
11.	Der Entdecker. Historischer Roman über Alexander von Humboldt, Mattias Gerwald, Bastei-Lübbe Verlag, 2001.
12.	Mit Livingstone durch Afrika, Pierre Marc und Jan Sovak, Bohem Press, 1993.
13.	Rotes Kap der Abenteuer, Rainer M. Schröder, Arena-Verlag, 2003.
14.	Pirat und Ehrenmann, Simone van der Vlugt, Bertelsmann, 2002.
15.	Die lange Reise – Geschichte der Ostindienfahrer, Sven Nordqvist, Mats Wahl, Oetinger, 1999.
16.	Der Ozean des Mondes, Jamila Gavin, Ravensburger Verlag, 2005.
17.	Die aus der Steppe kommen, Waldtraut Lewin, Ravensburger Verlag, 2002.
18.	Das Gold der Azteken, Federica de Cesco, Arena Verlag, 2002.
19.	Das Gold von Caxamalca, Jakob Wassermann, Klett, 2008.
20.	Das Gold der Veracruz, Boris von Smercek, Arena-Verlag, 2002.

Quellennachweis

Mittelalterliche Abbildung der Erde
http://de.wikipedia.org/wiki/Camille_Flammarion#mediaviewer/File:Flammarion.jpg

Zeichnung zum heliozentrischen Weltbild
http://upload.wikimedia.org/wikipedia/commons/b/bb/Hypothesis_Copernicana.png

Kogge
http://upload.wikimedia.org/wikipedia/commons/thumb/c/c5/Kogge.JPG/250px-Kogge.JPG

Vasco da Gama
http://upload.wikimedia.org/wikipedia/commons/f/f9/Vasco_da_Gama_%28without_background%29.jpg

Fernando Magellan
http://www.notablebiographies.com/Lo-Ma/Magellan-Ferdinand.html

Hernando Cortés
http://upload.wikimedia.org/wikipedia/commons/7/7f/Cortes-Hernan-LOC.jpg

Francisco Pizarro
http://upload.wikimedia.org/wikipedia/commons/thumb/4/43/Pizarro.jpg/220px-Pizarro.jpg

Francis Drake
http://upload.wikimedia.org/wikipedia/commons/9/9a/Sir_Francis_Drake_And_His_Coat_Of_Arms.gif

James Cook
http://upload.wikimedia.org/wikipedia/commons/7/76/Captainjamescookportrait.jpg

Alexander von Humboldt
http://upload.wikimedia.org/wikipedia/commons/8/87/Baron_Alexander_von_Humboldt_by_Julius_Schrader_1859_retouched.jpg

David Livingstone
http://upload.wikimedia.org/wikipedia/commons/f/f2/David_Livingstone_by_Thomas_Annan.jpg

Henry Stanley
http://upload.wikimedia.org/wikipedia/commons/f/fa/Henry_Morton_Stanley_Foto.jpg

Heinrich Barth
http://upload.wikimedia.org/wikipedia/commons/thumb/8/8e/ST-heinrichbarth.jpg/220px-ST-heinrichbarth.jpg

Auszug aus Marco Polos Reisebericht
http://upload.wikimedia.org/wikipedia/commons/d/d2/Marco_Polo,_Il_Milione,_Chapter_CXXIII_and_CXXIV_Cropped.jpg

Abreise der Polos aus Venedig
Mosaik von Hannes Hegen, © Tessloff Verlag, Nürnberg

Kolumbus landet auf der Insel Guanahani
http://upload.wikimedia.org/wikipedia/commons/0/06/Kolumbus-landet-auf-guanahani_1-860x1315.jpg

Die Kaperung der Cacafuego
http://upload.wikimedia.org/wikipedia/commons/a/ab/Capture_Of_Cacafuego.jpg

Der Raub von Francis Drakes Hut in der Nähe von Rio Plata
http://upload.wikimedia.org/wikipedia/commons/3/30/Bry_-_Francis_Drake_am_Rio_de_la_Plata.jpg

Cooks Tod auf Hawaii
http://upload.wikimedia.org/wikipedia/commons/9/90/Cook-death.jpg

Alexander von Humboldt und Aimé Bonpland mit zu präparierenden Pflanzen und Tieren
bpk, Berlin

Einzug in Timbuktu
http://upload.wikimedia.org/wikipedia/de/0/00/HOMBORI.jpg

Auer

Auer empfiehlt

Die optimale Ergänzung zu diesem Buch:

80 S., DIN A4
- Best-Nr. **07317**

Janine Sebb-Weppler

Geschichte kooperativ Klasse 7/8

Fundierte Praxismaterialien zum Methodenlernen

- Ganz leicht zur kooperativen Lernkultur!

Dieser Band hilft Ihnen dabei, Ihren Schülern die wichtigen Lehrplaninhalte des Geschichtsunterrichts in den Klassen 7 und 8 mit Hilfe kooperativer Lernformen zu vermitteln. Jedes Thema wird dabei mit einer oder auch mit mehreren kooperativen Methoden verbunden.

Sie erhalten umfassende Lehrerinformationen, Methodensteckbriefe sowie Hinweise zur Durchführung und Gruppeneinteilung. Weiterhin liefert der Band Ihnen alle Unterrichtsmaterialien für den Geschichtsunterricht in Form von Kopiervorlagen.

Die Themen dieses Bandes:

- Mittelalter | Renaissance | Die Reformation | Absolutismus

Dieser Band enthält:

- 4 Methodensteckbriefe zum kooperativen Lernen | Lehrerhinweise zu jedem Thema | Arbeitsblätter als Kopiervorlagen | Lösungen in kompakter Form am Ende des Bandes

WWW.AUER-VERLAG.DE
WEBSERVICE
www.auer-verlag.de/go/
07317

Blättern im Buch

Download

Leseprobe

Weitere Titel zu dem Thema:

Helmut Papenberg
Erster Weltkrieg
Materialien zur selbstständigen Themenerarbeitung!
96 S., DIN A4
- Best-Nr. **07420**

Lars Gellner, Matthias Gerhardt
Imperialismus und Erster Weltkrieg an Stationen SPEZIAL
Selbstständiges Lernen an Stationen!
88 S., DIN A4
- Best-Nr. **07448**

Claudia Schmitz
55 Methoden Geschichte
Einfach, kreativ, motivierend!
64 S., 16,5 x 23,5 cm
- Best-Nr. **07353**

Bestellschein (bitte kopieren und faxen/senden)

Ja, bitte senden Sie mir gegen Rechnung:

Anzahl	Best.-Nr.	Kurztitel
	07317	Geschichte kooperativ 7/8
	07420	Erster Weltkrieg
	07448	Imperialismus und Erster Weltkrieg an Stationen SPEZIAL
	07353	55 Methoden Geschichte

☐ Ja, ich möchte per E-Mail über Neuerscheinungen und wichtige Termine informiert werden.

E-Mail-Adresse

Auer Verlag
Postfach 1152
86601 Donauwörth

Fax: 09 06 / 73-178
oder einfach anrufen:
Tel.: 09 06 / 73-240
(Mo-Do 8:00-16:00 & Fr 8:00-12:00)
E-Mail: info@auer-verlag.de

Absender:

Aktionsnummer: 9066

Vorname, Nachname

Straße, Hausnummer

PLZ, Ort

Datum, Unterschrift

Aufschwung in der Landwirtschaft: Du bist ein Fragensteller

Du darfst gleich Bauer Linnhard, der im frühen Mittelalter (um 1200) einen Hof bewirtschaftet, zu damaligen Neuerungen in der Landwirtschaft befragen. Bereite dich sorgfältig vor.

1 Formuliere deine Fragen an Bauer Linnhard. Die folgenden Stichwörter helfen dir dabei.

Stichwörter: Auflockerung Boden – Tiere auf dem Feld – Schneiden von Gras/Halmen – Dreschen des Korns

Frage: ______________________________

Antwort: ______________________________

____

Frage: ______________________________

Antwort: ______________________________

____

Frage: ______________________________

Antwort: ______________________________

____

Frage: ______________________________

Antwort: ______________________________

____

2 Bauer Linnhard kann dir auch eine entscheidende Neuerung hinsichtlich der Bestellung seines Ackerlandes erklären. Stelle hierzu ebenfalls eine gezielte Frage und fülle die Lücken der Tabellen mithilfe von Linnhards Antworten.

Frage: ______________________________

Antwort:

Jahr	Feld 1	Feld 2
1		
2		
3		

⇨

Jahr	Feld 1	Feld 2	Feld 3
1			
2			
3			